HOMENS QUE SENTEM SAUDADE

Homens que sentem saudade

História da emoção que une uma nação

Marcia Esteves Agostinho

70

Rio de Janeiro, 2025

Homens que sentem saudade

ISBN: 978-65-54273-33-6

Impresso no Brasil – 1ª Edição, 2025 – Edição revisada conforme o Acordo Ortográfico da Língua Portuguesa de 2009.

Dados Internacionais de Catalogação na Publicação (CIP)

A268h
1. ed. - Agostinho, Marcia Esteves.
Homens que sentem saudade / Marcia Esteves Agostinho. - São Paulo: Edições 70, 2025
112 p.; 15,7 x 23 cm

ISBN 978-65-542-7333-6

1. História das emoções. 2. Saudade.
3. Masculinidade. 4. Memória afetiva.
5. Identidade cultural. I. Título.

CDD 152.4

Índice para catálogo sistemático

1. História das emoções e identidade afetiva masculina - 152.4

Produção Editorial: Grupo Editorial Alta Books
Diretor Editorial: Anderson Vieira
Vendas Governamentais: Cristiane Mutüs

Editor da Obra: Rodrigo Mentz
Produtor Editorial | Capa: Diego Gonzalez
Diagramação: Paulo Gomes

ALTA BOOKS
GRUPO EDITORIAL

Rua Viúva Cláudio, 291 – Bairro Industrial do Jacaré
CEP: 20.970-031 – Rio de Janeiro (RJ)
Tels.: (21) 3278-8069 / 3278-8419
www.altabooks.com.br – altabooks@altabooks.com.br
Ouvidoria: ouvidoria@altabooks.com.br

Editora
afiliada à:

ASSOCIADO

SUMÁRIO

Dedicatória

Dedico a Regina Esteves Agostinho e Paulo Felippe Agostinho, meus pais, em quem sempre encontrei incentivo e acolhida.

AGRADECIMENTO

Agradeço a Adão Ribeiro e Antônio Luiz, representantes da sétima geração da família Carvalho no Brasil, com quem descobri a história que conto neste livro.

Se as antigas naus portuguesas levavam
para a costa brasileira orgulhosos comerciantes e
aventureiros, os modernos "vapores" transportavam
homens que tinham em comum a palavra
saudade no vocabulário.

Prólogo: Homens, histórias e saudades

Embora narrada por uma mulher, esta é uma história sobre homens. É também uma história sobre meninos como Antônio, que, aos 11 anos, atravessou sozinho o oceano, deixando para trás a mãe, os irmãos, a aldeia e a infância. Mais ainda, esta é a história de uma emoção. Aquela de que orgulhosamente se argumenta não ter tradução e que vibra como uma marca da identidade de uma nação. Refiro-me à saudade.

Há entre acadêmicos o debate sobre até que ponto faria sentido estudar a história das emoções. Isto é, as emoções têm história? As emoções se transformam ao longo do tempo? O que as pessoas sentiam no passado? O que elas sentem hoje? Há alguns anos, tenho me dedicado a este, relativamente novo, campo de estudo chamado "história das emoções". O que descobri desde então é que nossa condição de seres humanos nos faz sensíveis aos afetos tanto quanto nossos antepassados mais remotos. Ainda assim, as condições da vida variam com o tempo, transformando nossas experiências emocionais.

Proponho-me aqui a compartilhar minhas descobertas sobre as experiências vividas por dois portugueses, Adão e Antônio, que migraram para o Brasil em meados do século XIX. Aos leitores que imaginam que eu descenda deles, esclareço que não tenho nenhuma ligação de sangue com aquela família. Entretanto, esses dois personagens foram responsáveis por reforçar os laços de amizade que eu já tinha com seus descendentes.

A forma como tive acesso às principais fontes primárias desta pesquisa reflete o hábito de muitos povos de compartilhar suas memórias à mesa, durante longos almoços com familiares e amigos. Este é o caso de portugueses e brasileiros. Fui convidada para um almoço na casa dos pais de uma amiga e pude aproveitar uma dessas ocasiões, em que os membros mais velhos de uma família contam e recontam velhas histórias cheias de saudade. Curiosa que sou, fiz tantas perguntas a seu pai, Antônio Luiz, a ponto de ele recorrer ao "livro da família Carvalho".

Anos antes, seu primo Adão reunira em um livro o acervo documental sobre a fábrica de calçados fundada, no Rio de Janeiro, em 1856, por seu parente homônimo de sete gerações anteriores. Naquele mesmo dia, após uma ligação telefônica de Antônio Luiz, fui até a residência de Adão para conseguir um exemplar para mim. Como estudante de doutorado interessada em micro-história,[1] não podia conter a animação. Além de registros comerciais e notariais, o livro continha cartas de família, poemas, relatos de viagem e fotografias. Aquelas eram fontes primárias totalmente inexploradas!

Eu sabia que uma leitura atenta daquelas fontes poderia lançar luz sobre algo que havia algum tempo me intrigava: a coesão portuguesa transoceânica. Que mecanismos mantiveram a "nação portuguesa" unida desde o início dos tempos modernos, apesar de espalhada por vários continentes? Parecia-me claro que a história da família Carvalho era um sinal de que as práticas afetivas dos portugueses comuns no século XVI ainda estavam vivas no final do século XIX.[2]

Além disso, a história dessa família já no século XX revelava como as nações portuguesa e brasileira se fundiram em uma identidade sincrética. As palavras de Antônio, aquele que no século retrasado partira para o Brasil ainda menino, expressam essa tensão: "Cheguei à vida na terra idolatrada dos meus pais e desejo deixar a vida na terra adorada dos meus filhos".[3]

Então, eu pergunto: o que mantém as pessoas unidas como uma nação? Os documentos da família Carvalho oferecem uma nova perspectiva sobre

---

1 Gênero historiográfico que privilegia o estudo de personagens anônimos para compreender o contexto das experiências vividas em certo local e momento do passado.

2 Studnicki-Gizbert, Daviken. **A Nation upon the Ocean Sea**: Portugal's Atlantic Diaspora and the Crisis of the Spanish Empire, *1492-1640*. Nova York: Oxford University Press, 2007.

3 Ribeiro, Adão Carvalho. **O vaso de flores**: miscelânea poética e histórico-familiar. Rio de Janeiro: Jucitara Editora, 2010. p.118

uma questão que a historiografia convencionalmente aborda por meio de conceitos como raça, etnia e religião. Em vez de adotar uma dessas categorias usuais, eu decidi considerar as emoções como a categoria de análise.[4] O resultado a que cheguei é que certas emoções, como a saudade e as atitudes motivadas por ela, podem favorecer sentimentos de pertencimento. Assim, a identificação com uma coletividade, até mesmo com uma nação, parece ser uma questão de prática emocional – e não de destino.

Tive a oportunidade de compartilhar essas reflexões no meio acadêmico, apresentando-as em conferências e publicando-as em revistas internacionais especializadas. Um aspecto que considero muito interessante neste meio é a prática da "revisão por pares". Isto é, pessoas com conhecimento na área revisam anonimamente os trabalhos submetidos à publicação, podendo rejeitá-los (como acontece em grande parte das vezes). O interessante, do meu ponto de vista, é que, quando os revisores anônimos não rejeitam um trabalho, geralmente fazem comentários e críticas que tendem a melhorar sua qualidade. As ideias que eu apresento aqui passaram por esse processo. Sou muito grata a essas pessoas pela crítica atenta que tanto fez apurar minha reflexão.[5]

Ao Antônio Luiz e ao Adão da sétima geração dos Carvalhos no Brasil, devo agradecer não só por terem me aberto as portas para a intimidade de sua família, como também pelo carinho e o interesse que sempre demons-

---

4 Minha visão das emoções como uma categoria de análise concorda, de alguma forma, com estudiosos como Jan Plamper ("An Interview with Jan Plamper: On the History of Emotions." **Kritika**: Explorations in Russian and Eurasian History 18.3 (2017): 453-460.) e Nicole Eustace (Eustace, Nicole, Eugenia Lean, Julie Livingston, Jan Plamper, William M. Reddy e Barbara H. Rosenwein. "AHR Conversation: The Historical Study of Emotions." **The American Historical Review**, 117, n. 5 (2012): 1487-1531.).

5 Agostinho, Marcia Esteves. 2023. "Navigating Identity after Independence: Portuguese men in nineteenth-century Brazil." Thematic Dossier "Brazil: 200 years of Independence (1822-2022)", **Cadernos do Arquivo Municipal de Lisboa**, issue 19, jan. 2023. Disponível em: https://doi.org/10.48751/CAM-2023-19224. Acesso em: 12 out. 2023, e Agostinho, Marcia Esteves. 2021."Emotion as Collective Identity: the Case of Portuguese Saudade." **Academia Letters**, 2021. DOI: 10.20935/AL377. Disponível em: https://doi.org/10.20935/AL377. Acesso em: 10 dez. 2022.

traram pela minha pesquisa. Nossas longas conversas foram fundamentais para eu compreender as nuances dos fatos que os documentos registravam. Mais ainda, por intermédio dos dois, tive acesso aos sentimentos que ligavam aquelas pessoas cujos nomes apareciam para mim em certidões de nascimento, contratos comerciais, cartas e cartões postais.

Em uma época em que a autonomia de uma criança de onze ou doze anos vai pouco além das grades do *playground*, a história do menino Antônio que veio de Portugal para trabalhar no Brasil deveria chamar muita atenção. Qual não foi minha surpresa, porém, quando, conversando com um homem na fila para comprar panetone, ele me disse que sua história era semelhante. Como assim?! Ele nem tinha sotaque português, nem parecia ter idade para ter sido uma criança sozinha em um navio vindo para o Brasil.

Trocamos contatos no *Linkedin*. O nome dele era Camilo e nascera em Portugal – "no Portugal profundo", onde não havia energia elétrica em plena década de 1960. Enviei-lhe meu artigo, então recentemente publicado. A história do menino que chegara ao Brasil uma centena de anos antes o fazia lembrar da saudade que ele mesmo deixou de cultivar. Agora Camilo relembra aquele tempo e compartilha conosco suas emoções. Eu agradeço por ele ter aceitado o convite para escrever o epílogo, em primeira pessoa.[6]

Marcia Esteves Agostinho

Pittsford, NY, dezembro de 2023.

6 Camilo Augusto Sequeira nasceu na pequena aldeia de Guedieiros, em Portugal. Aos 12 anos emigrou sozinho para o Brasil, onde pôde estudar e formar-se em engenharia na PUC-Rio.

Emoção como identidade coletiva

"Só os portugueses consideram uma coisa normal a existência de Portugal como um país independente. Para os outros, a coisa mais surpreendente sobre este pequeno e incrível país é sua própria existência".[1] Foi assim que os editores da revista americana *Life* decidiram apresentar o "pequeno" país localizado na junção entre do Oceano Atlântico e o Mar Mediterrâneo na edição de 1966 do *Manual das Nações*. Ressalto aqui sua localização geográfica, pois ela é fundamental para entendermos a trajetória – e talvez até a alma – portuguesa.

Os norte-americanos que redigiram aquela matéria mostraram-se espantados com o fato de que os portugueses tenham conseguido evitar por séculos – exceto pelos 60 anos da União Ibérica – a fusão com a Espanha. Assim, eles prontamente definiram o português como "um homem que detesta a Espanha".[2]

Essa passagem levanta três questões. Primeiro, emoções podem definir identidades coletivas? Em outras palavras, as pessoas podem se identificar como portuguesas pelo que sentem a respeito dos espanhóis? Em segundo lugar, como as emoções podem manter as pessoas unidas? Finalmente, como as emoções podem ser usadas como uma ferramenta analítica para entender a continuidade das identidades coletivas?[3]

Abordo estas questões por meio do caso de Portugal. Porém, ao contrário do que sugeria o *Manual das Nações* da revista *Life*, meu argumento é que não é o ódio ou a aversão, mas é, sim, uma emoção chamada saudade que serve como uma das bases para a identidade portuguesa. Tanto quem convi-

1 "Only the Portuguese find the independent existence of Portugal an unremarkable state of affairs. To others, the most amazing thing about this amazing little country is that it exists at all." **Handbook of the Nations and International Organizations**. Life World Library. Nova York: Time, Inc., 1966. p. 73.

2 **Handbook of the Nations and International Organizations. Life World Library**. Nova York: Time, Inc., 1966. p. 73-75.

3 Utilizo a expressão "identidade coletiva" em um sentido amplo, abrangendo nação, raça, etnia, gênero ou qualquer outro conceito em torno do qual uma coletividade se identifique.

ve com portugueses quanto quem os estuda concorda que a importância da saudade como traço cultural permanece incontestada.[4]

Em resposta à segunda pergunta – quanto ao poder das emoções para manter as pessoas unidas –, recorro àquilo que chamo de "práticas emocionais". Há evidências de que certos hábitos encorajaram os indivíduos a expressar seus sentimentos de saudade, tanto presencialmente quanto a distância. Mesmo antes do telefone e da internet, as cartas já cumpriam essa função. A prática de comunicar e de, assim, compartilhar sentimentos de saudade pode ser uma razão pela qual uma nação de comerciantes e navegadores – que poderia ter se perdido pelo mundo – conseguiu manter sua coesão e identidade apesar das distâncias.

A terceira questão, entretanto, está aqui como uma intenção metodológica. Pretendo mostrar como é possível usar uma dada emoção como ponto focal para compreender o que pode levar as pessoas a se identificar umas com as outras e formar uma comunidade que permanece unida por gerações. Tomando a saudade como exemplo, mostrarei como a maneira de sentir pode nos levar a formar um coletivo com identidade própria. Neste caso, o coletivo é a nação portuguesa.

Dizer que sinto saudade de ti é o mesmo que dizer *I miss you*, *Te extraño* ou *Tu me manques?* Os portugueses orgulham-se de afirmar que nenhuma palavra estrangeira pode descrever um sentimento tão profundo. No entanto, a impossibilidade de traduzir a palavra saudade para qualquer outra língua não é uma criação dos intelectuais românticos do século XIX – como diriam alguns, uma "invenção um tanto bizarra de um poeta português inimigo do cosmopolitismo".[5] A percepção da saudade como uma emoção

---

4 Kyra Giorgi. **Emotions, Language and Identity on the Margins of Europe**. Nova York: Palgrave Macmillan, 2014. p.2.

5 Leal, João e Jehanne Féblot-Augustins. "'Saudade', la construction d'un symbole: 'Caractère national' et identité nationale." **Ethnologie Française**, 29, n. 2 (1999): 177-189. P. 184.

exclusivamente portuguesa remonta ao século XV, quando o rei D. Duarte escreveu que o latim, ou qualquer outra língua que ele conhecesse, não tinha uma palavra com significado semelhante.[6]

Contudo, apesar de sua antiga ligação com a alma portuguesa, a saudade viria a assumir novas e ambíguas conotações no contexto das crises políticas e econômicas do século XX. Nos anos 1910, essa emoção estava no cerne de um movimento literário – o *Saudosismo* – que apelava para uma expressão nacionalista sentimental capaz de regenerar a glória do passado português.

Depois, com o advento do Estado Novo, a saudade passou a fazer parte do discurso do regime ditatorial. Assim, após a queda da ditadura em 1974, as novas elites políticas e culturais passaram a considerar a noção de saudade como "politicamente incorreta".[7] No entanto, a opinião negativa que as elites culturais sustentam sobre a saudade não tem impedido que essa emoção seja vivida e cultivada pelas práticas dos portugueses no país e no estrangeiro.[8]

Há seis séculos, o rei D. Duarte antecipou o conhecimento psicológico moderno, segundo o qual "experiências de 'dor social' (os sentimentos dolorosos que se seguem à rejeição, à exclusão ou à perda social) e 'prazer social' (os sentimentos prazerosos associados a sentimentos ligados aos outros) devem ser considerados estados emocionais fundamentais".[9] Ele não só tinha uma palavra – *suydade*, em português arcaico – para descrever esse estado emocional dual, como também explicava suas origens.

6 Duarte, rei de Portugal, 1391-1438. **Leal Conselheiro**: o qual fez Dom Duarte: seguido do livro da ensinança de bem cavalgar toda sella. France: J.P. Aillaud, 1842. p. 151.

7 Leal, João e Jehanne Féblot-Augustins. "'Saudade', la construction d'un symbole: 'Caractère national' et identité nationale." Ethnologie Française, 29, no. 2 (1999): 177-189. p.184.

8 Ver, por exemplo, Bela Feldman-Bianco. "Multiple Layers of Time and Space: The Construction of Class, Ethnicity, and Nationalism among Portuguese Immigrants." *In*: Nina Glick Schiller, Linda Basch e Cristina Szanton (ed). **Towards a Transnational Perspective in Migration**: Race, Class, Ethnicity and Nationalism Reconsidered. Nova York Academy of Sciences, 1992: 145-174.

9 Naomi I. Eisenberger. "Social Pain and Social Pleasure." *In*: Barrett, Lisa Feldman, Lewis, Michael e Haviland-Jones, Jeannette M., eds. **Handbook of Emotions**. Nova York: Guilford Publications, 2016.

Para D. Duarte, a saudade pertence ao coração, não à razão. É um sentimento nascido da ausência de alguém amado. Como as lembranças do tempo que se foi podem trazer tanto alegria quanto tristeza, a saudade pode causar tanto prazer quanto lamento. Mais importante, mesmo imerso em "lágrimas e suspiros", quem sente saudade nunca se separa, "porque, quando o amigo vai embora, mesmo que a gente sinta saudade, ele está sempre presente".[10]

Mais do que uma palavra para exprimir o que se sente, saudade é uma ideia que os portugueses partilham por meio das práticas interpessoais. Em um estudo da diáspora portuguesa do início da era moderna, Daviken Studnicki-Gizbert sugere que "o afeto e a preocupação fechavam a lacuna da separação". Os portugueses mantiveram as suas ligações emocionais apesar de eventuais diferenças de religião ou de origem social. Como explica aquele autor, "as cartas eram um substituto para o fluxo e o envolvimento das conversas em pessoa".[11]

Tais conclusões são compatíveis com o trabalho antropológico de Mary Bouquet, para quem "uma das imagens mais marcantes da vida em Portugal é a da conversa". Partindo da realidade dos anos de 1980, ela revela a natureza da conversação portuguesa: "a expressão de preocupação pelos outros".[12] A observação de Bouquet indica uma continuidade no padrão emocional de "afeto e preocupação" encontrado nas cartas do século XVII.

Historiadores e antropólogos parecem concordar com estudos linguísticos que mostram que "expressar e falar sobre emoções desempenham um

10 *"...porque o amygo quando compre de se partir, ainda que del synta suydade, [...] mas sempre he presente"*, em D. Duarte, rei de Portugal, 1391-1438. **Leal Conselheiro**, o qual fez Dom Duarte: seguido do livro da ensinança de bem cavalgar toda sella. France: J.P. Aillaud, 1842. p. 248.

11 Daviken Studnicki-Gizbert. **A Nation upon the Ocean Sea**: Portugal's Atlantic Diaspora and the Crisis of the Spanish Empire, 1492-1640. Nova York: Oxford University Press, 2007. p. 75.

12 Mary Bouquet. **Reclaiming English Kinship**: Portuguese Refractions of British Kinship Theory. Manchester University Press, 1993. p. 169; 176.

papel significativo na vida social portuguesa".[13] Assim, pode-se inferir quanto a *prática emocional da conversa interessada* pode ter contribuído para a preservação da identidade coletiva dos portugueses ao longo dos séculos.

O que esses estudos não explicam inteiramente é como algumas pessoas *optavam* pela identidade portuguesa. Esse é o caso intrigante de um grupo particular da diáspora portuguesa do início da era moderna: os "judeus portugueses". Miriam Bodian argumenta que eles se reencontraram com a diáspora sefardita apenas "de uma maneira formal e desapaixonada". Ela continua afirmando que, "em termos dos mitos fundadores, emoções coletivas e padrões religiosos-culturais que os fizeram se sentir em casa em suas novas comunidades – não, eles não se tornaram 'sefarditas'". Como a autora conclui, "eles permaneceram 'portugueses'".[14] Esse caso ilustra a história do potencial explicativo das emoções.

Ao identificarmos *práticas emocionais*, podemos chegar mais perto de entender o que une as pessoas a ponto de ser forjada (e preservada) uma identidade coletiva. Assim como os portugueses se unem em torno da saudade, outras identidades coletivas podem ter sido construídas – e se mantiveram robustas – por meio do cultivo de outras emoções, como orgulho, ódio, medo, culpa. Como as práticas emocionais podem definir uma identidade?

Existem, sem dúvida, inúmeras maneiras de abordar essa questão. Uma delas é sugerir um modelo teórico para um mecanismo geral. Então, ofereço esta possível resposta:

Em um ambiente que favorece continuamente encontros variados, os indivíduos são expostos a diversas experiências, para as quais desenvolvem respostas emocionais. A longo prazo, respostas benéficas tendem a ser imitadas por outros

---

13 Silva, Zuzanna Bułat. "Saudade: a Key Portuguese Emotion." **Emotion Review**, 4, n. 2 (2012): 203-211.

14 Miriam Bodian. "Hebrews of the Portuguese Nation: The Ambiguous Boundaries of Self-Definition." **Jewish Social Studies**, 15, n. 1 (2008): 66-80.

indivíduos do grupo a ponto de se tornarem parte de suas normas culturais. Assim, ao longo do tempo, diferentes grupos de pessoas acabam cultivando emoções que funcionam melhor como respostas aos estímulos aos quais foram expostos.

Algumas vezes, as práticas emocionais, além de beneficiar os indivíduos, também incentivam comportamentos sociais que promovem a coesão do grupo. Como consequência, a identidade coletiva passa a ligar-se à emoção cultivada por tais práticas. Esse modelo parece ajustar-se ao caso português, pois oferece uma explicação plausível não só para a centralidade da saudade na identidade portuguesa, mas também para a continuidade de Portugal como nação independente. A saudade pode, assim, ter contribuído para que "este pequeno e incrível país" tenha permanecido independente, apesar da poderosa vizinha Espanha.

Saudades no Brasil do século XIX

A historiografia tem chamado a atenção para a mistura única de coesão, coerência social e adaptabilidade da "nação Portuguesa" desde o início dos tempos modernos.[1] Hoje, o termo "nação" está automaticamente associado à ideia política de "estados-nação". Contudo, durante a Idade Média essa palavra ainda era usada simplesmente para designar as distintas comunidades estrangeiras formadas por estudantes nas universidades ou por comerciantes que frequentavam as cidades portuárias da Europa.[2]

No tempo das Grandes Navegações, a nação portuguesa destacava-se em meio às outras nações a ponto de ser simplesmente referida como "a Nação". Como explica Francesca Trivellato, "durante grande parte do século XVI, as autoridades seculares e religiosas, bem como as pessoas comuns, suspeitavam da expressão "a nação portuguesa" (ou simplesmente Nação) porque duvidavam de que todos os portugueses que viviam em Antuérpia, o sudoeste da França e cidades italianas como Ferrara, Ancona, Veneza e Florença fossem realmente católicos".[3]

Além da desconfiança em relação à fé – e, portanto, à fidelidade – dos cristãos-novos portugueses, a singularidade da "Nação" estava também relacionada a sua presença em todos os cantos do mundo e a sua coerência social apesar da dispersão geográfica. Enquanto os dois primeiros aspectos resultam da expansão ultramarina portuguesa iniciada no século XV,

1 Alguns historiadores, como Studnicki-Gizbert, usam as palavras "coerência" e "coesão" de forma intercambiável. Mas utilizo-as de forma complementar, como na expressão "coerência social" que Loyal Rue assim define: "E por 'coerência social' quero dizer um nível aceitável de ordem e estabilidade coletiva, um sentimento de segurança, solidariedade, previsibilidade e comunhão de propósitos". Rue, Loyal D. **By the grace of guile**: The role of deception in natural history and human affairs. Oxford University Press, 1994. p. 127.

2 Trivellato, Francesca. **The Familiarity of Strangers**: The Sephardic Diaspora, Livorno, and Cross-Cultural Trade in the Early Modern Period. New Haven, CT: Yale University Press, 2009. p. 43.

3 Trivellato, Francesca. **The Familiarity of Strangers**: The Sephardic Diaspora, Livorno, and Cross-Cultural Trade in the Early Modern Period. New Haven, CT: Yale University Press, 2009. p. 43.

o último requer um exame mais aprofundado. Como explicar sua notável coesão e coerência sociais, sem que se possa apelar para o convívio pessoal e a proximidade física?

Como já mencionei, um estudo sobre a diáspora da "Nação" entre 1492-1640 feito por Daviken Studnicki-Gizbert sugere que "o afeto e a preocupação fechavam a lacuna da separação".[4] Significa dizer que, para além da religião e do parentesco, os portugueses podem ter-se mantido unidos devido a seus vínculos emocionais. Mesmo quando separados fisicamente, os membros das comunidades portuguesas partilhavam um interesse mútuo no bem-estar emocional de seus patrícios.

Inicialmente, a troca de cartas, algumas vezes acompanhadas por pequenos presentes, servia como mecanismo para manter emocionalmente próximas pessoas que se encontravam fisicamente distantes. À medida que a tecnologia evoluía, especialmente com os navios a vapor cruzando os oceanos, a distância parecia menor. Assim, a notável coerência social portuguesa ainda seria percebida no final do século XIX.

Outro aspecto emocional que caracterizava as comunidades portuguesas do início da Idade Moderna era seu sentimento de orgulho. Trivellato observa que "os 'homens da nação' dificilmente escondiam o seu sentimento de orgulho e superioridade. A sua autopercepção tinha uma componente socioeconômica: eram 'homens de negócios' cujas fortunas estavam ligadas ao comércio e às finanças internacionais".[5] Essa é uma observação importante para o estudo da coerência social portuguesa no século XIX, pois nos faz questionar o que foi feito de tal sentimento de orgulho.

---

4 Studnicki-Gizbert, Daviken, **A Nation upon the Ocean Sea**: Portugal's Atlantic Diaspora and the Crisis of the Spanish Empire, 1492-1640. Nova York: Oxford University Press, 2007. p. 75.

5 Trivellato, Francesca. **The Familiarity of Strangers**: The Sephardic Diaspora, Livorno, and Cross-Cultural Trade in the Early Modern Period. New Haven, CT: Yale University Press, 2009. p. 44.

Afinal, a invasão napoleônica, a independência do Brasil e a guerra civil foram acontecimentos perturbadores que impactaram as estruturas sociais e econômicas de Portugal no século XIX. Seria o orgulho coletivo capaz de manter a coerência social de uma nação em momentos de crise como aquela? Ou haveria outra emoção garantindo a permanência da identidade portuguesa? Sugiro que a resposta esteja na saudade e na capacidade que essa emoção tem de unir as pessoas.

Se as antigas naus portuguesas levavam para a costa brasileira orgulhosos comerciantes e aventureiros, os modernos "vapores" transportavam homens que tinham em comum a palavra saudade no vocabulário. A partir de meados do século XIX, aportaram no Brasil dois tipos de portugueses: os que vinham a negócios e os que fugiam da pobreza.

Entretanto, eles eram indiferenciáveis na partida. Todos eram homens pobres em busca de melhores oportunidades. Somente o futuro poderia distingui-los. Circunstâncias complexas transformariam a sua esperança inicial em orgulho nacionalista ou em esquecimento, dependendo de seu sucesso socioeconômico e da saudade que cultivaram.

É notável o papel de destaque que os portugueses desempenharam no comércio varejista e atacadista do Brasil a partir de 1850. Eles eram especialmente atuantes nas indústrias alimentícia, têxtil e de vestuário. Contudo, os portugueses também representavam uma parte significativa do proletariado nascente, particularmente no Rio de Janeiro, onde competiam na força de trabalho com escravos, ex-escravos e seus descendentes.

Artur Vitorino afirma que o futuro de um imigrante português dependia, em grande medida, da condição de entrada no país, fosse como trabalhador livre ou como "engajado".[6] Paula Cypriano, porém, observa que fazer parte da elite empresarial "não significava necessariamente ter chegado ao Brasil

6 Vitorino, Artur José Renda. "Mercado de trabalho e conflitos étnicos em meio à escravidão: portugueses e africanos no Rio de Janeiro (1850-1870)." **Cadernos AEL**, (2009). p. 25-27.

em condições mais favoráveis". Ela faz referência a trajetórias de vida que mostram que a maioria dos portugueses só realizou seu sonho de mobilidade ascendente após anos de trabalho árduo e muita disciplina de poupança.[7]

Ricos ou pobres, os portugueses no Brasil do século XIX distinguiam-se dos outros imigrantes em um aspecto particular: raramente traziam suas famílias. Desde os tempos coloniais, os portugueses que vieram para a nova terra eram solteiros ou tinham deixado as mulheres em casa.

Com base na análise dos dados de batismo de uma localidade rural do Rio de Janeiro, Manolo Florentino confirma o fluxo migratório predominantemente masculino vindo de Portugal. Cerca de 15% dos pais registrados naquela localidade nasceram em Portugal e 90% deles eram do sexo masculino.[8] Há quem defenda que "era menos comum encontrar o registro de um português que emigrasse com a família, pois a ideia de vir para o Brasil era trabalhar e enriquecer para, mais tarde, regressar à terra natal".[9]

Em tal contexto, a esperança no futuro e as memórias dos laços com a pátria eram centrais para a experiência portuguesa no exterior. Não por coincidência, esperança e lembrança são também centrais na própria definição de "saudade".[10]

Os povos lusófonos defendem com orgulho que nenhuma outra língua dedica um substantivo ao sentimento de falta de alguém ou de alguma coisa.

---

7 Cypriano, Paula Leitão. "Imigração, negócios e poder: promoção social e projeção política dos imigrantes portugueses na sociedade carioca, 1850-1870." **Dia-Logos**: Revista dos Alunos de Pós-Graduação em História 3 (2009). p. 163.

8 Florentino, Manolo e Cacilda Machado. "Ensaio sobre a imigração portuguesa e os padrões de miscigenação no Brasil (séculos XIX e XX)." **Portuguese Studies Review**, 10, n. 1 (2002): 58-84.

9 Sarmento, Clara. **Women in the Portuguese Colonial Empire**: The Theatre of Shadows. Newcastle: Cambridge Scholars, 2008. p. 252.

10 Sobre os significados de saudade, ver: Neto, Félix and Etienne Mullet. "A Prototype Analysis of the Portuguese Concept of Saudade." **Journal of Cross-Cultural Psychology**, 45, n. 4 (2014): 660-670; Pérez López, Pablo Javier. "Historia y Destino: El Fatalismo Como Identidad Nacional Lusa." **Diacronie**, (2015); e Silva, Zuzanna Bułat. "Saudade: a Key Portuguese Emotion." **Emotion Review**, 4, n. 2 (2012): 203-211.

Oswaldo Truzzi e Maria Izilda Matos mostram que os laços afetivos sintetizados na palavra "saudade" estão muito presentes nas cartas dos imigrantes inclusive no século XX.[11] Esta continuidade com as práticas emocionais do século XVI e XVII reforça a minha convicção de que a resposta à questão da coerência social portuguesa reside no campo das emoções.

O método que escolhi para abordar esse tema é a micro-história.[12] Isto é, para entender a coesão da nação portuguesa, estudo o caso de apenas uma família portuguesa. Reconheço que tal método só me permite chegar a explicações específicas, já que se referem a um caso particular. Ainda assim, minha pesquisa é motivada por uma questão muito geral e que ultrapassa meu interesse pela história de Portugal ou do Brasil. A questão é: *O que leva as pessoas a se unir, formando uma comunidade, uma identidade coletiva?*

Nas últimas décadas, os estudos nas ciências sociais tendem a concordar que raça, etnia, religião, classe e gênero, em graus variáveis, estão entre os fundamentos da identidade coletiva. Como essas categorias são consideradas a base da solidariedade de grupo, as historiografias atlântica e judaica, por exemplo, abordam tal questão predominantemente pelos conceitos de raça, etnia e religião.

Não nego o poder explicativo e atraente das narrativas construídas em torno dessas categorias. No entanto, sugiro que há limites para tal abordagem nos casos em que tais categorias analíticas não refletem as "categorias de prática" que os atores sociais de fato utilizam para organizar a sua vida

---

11 Truzzi, Oswaldo e Maria Izilda Matos. "*Saudades*: sensibilities in letters from Portuguese e/immigrants (Portugal-Brazil 1890-1930)." **Revista Brasileira de História**, 35, n. 70 (2015): 257-277.

12 Ginzburg, Carlo. **Mitos, emblemas, sinais.** São Paulo: Companhia das Letras, 1989.

quotidiana.[13] Ao deixar de lado as categorias habituais e focar nas emoções, pretendo mostrar que os sentimentos de pertencimento podem ser uma questão de prática, e não de destino. Ou, ainda, de sentimento, e não de nascimento.

O objetivo desta pesquisa é explorar, a partir de uma perspectiva microscópica, o que ocorre em coletividades geograficamente dispersas. Assim, vale ressaltar que a identidade coletiva exige uma dupla definição. Uma definição aponta para o exterior, onde há "alteridade", onde mora "o outro" que é diferente de nós. A outra aponta para o interior, onde há "semelhança", onde todos somos parte de um mesmo todo.

No primeiro caso, são as diferenças em relação a quem está de fora que estabelecem a identidade do grupo. Ou seja, o grupo se identifica por antagonismo ao outro que está fora. No segundo caso, são os vínculos internos que definem a identidade do grupo. Em outras palavras, uma identidade coletiva pode se estabelecer tanto em função de quem se odeia quanto de quem se ama.

Meu argumento é o de que a coesão da nação portuguesa decorre de uma identidade coletiva construída sobre práticas afetivas que cultivam a saudade e, assim, reforçam os vínculos internos. A história da família Carvalho nos dá uma ideia de como isso pode acontecer.

Em 1870, com apenas 11 anos de idade, Antônio Gonçalves de Carvalho deixou a mãe e os irmãos em uma aldeia do norte de Portugal para seguir o pai com destino ao Brasil. A frequente travessia do Atlântico tornou-se tão central na vida de Antônio quanto havia sido na de seu pai e continuaria sen-

13 Em termos simples, "categorias de prática" são o que as pessoas comuns usam na vida quotidiana para dar sentido a suas experiências. As "categorias de análise", por outro lado, são construções teóricas utilizadas por quem estuda um dado fenômeno social. Para saber mais sobre esse assunto, consulte, por exemplo: Brubaker, Rogers e Frederick Cooper. "Beyond 'Identity'." **Theory and Society**, 29, n. 1 (2000): 1-47. Esses autores observam que, embora, por definição, categorias de análise como "raça", "etnia" ou "nação" sejam "categorias distantes da experiência", elas também podem tornar-se categorias de prática (p. 4).

do na de seu filho. A forma, porém, como cada um daqueles homens lidou com a saudade os distinguiria, mais tarde, como portugueses ou brasileiros.

Continuando pelo século seguinte, a história da família Carvalho nos revela como a nação portuguesa se funde com a brasileira, formando uma identidade sincrética, expressa nas palavras de Antônio já maduro: "Cheguei à vida na terra idolatrada dos meus pais e desejo deixar a vida na terra adorada dos meus filhos".[14]

---

14 Ribeiro, Adão Carvalho. **O vaso de flores**: miscelânea poética e histórico-familiar. Rio de Janeiro: Jucitara Editora, 2010, p. 118.

Adão, um português no Brasil

No dia 31 de março de 1831, os lavradores José Gonçalves e Maria Joaquina deram à luz seu primogênito em Vila Boa de Quires, comarca de Penafiel, em Portugal.[1] A criança foi chamada de Adão e, além de receber o sobrenome Gonçalves da família, foi agraciado com o sobrenome "de Carvalho" de seu padrinho, o padre Joaquim José de Carvalho. Esse foi o sobrenome que transmitiria a seus quatro filhos varões, os quais mais tarde passariam a seus próprios descendentes, independentemente do sexo. Teria assim início a família Carvalho que, no Rio de Janeiro da segunda metade do século XIX, fundaria a *Fábrica de Calçados Adão* – supostamente a primeira fábrica de calçados mecanizada do Brasil.[2]

Adão parece ter sido o único de sua família, até então, a se distanciar da comarca de Penafiel, aventurando-se através do Atlântico. Seus pais e avós haviam residido nos lugarejos de Targinha (pais), Quebrada (avós paternos) e Quires (avós maternos), todos a poucos quilômetros um do outro. Assim, sua ascendência, tanto paterna quanto materna, estava ligada à mesma e reduzida porção de terra no norte de Portugal, que se estendia por um raio de menos de sete quilômetros do centro da freguesia de Vila Boa de Quires. Eram "todos desta dita freguesia", conforme nos informa a certidão de batismo de Adão.[3]

A mesma freguesia viu nascer, em quatro de novembro de 1833, Engrácia d'Almeida, sob o signo de escorpião. Aqueles leitores que acreditam no Zodíaco não se surpreenderão com as atitudes que a menina, ao tornar-se mulher, tomaria para proteger os interesses da família. Sua mãe, Anna d'Al-

1 Segundo a certidão de nascimento, embora no livro de Ribeiro conste como 1832.

2 RIBERIO, Adão Carvalho. **O Vaso de Flores:** miscelânea poética e histórico-familiar, Rio de Janeiro: Jucitara Editora, 2010. p. 174.

3 RIBERIO, Adão Carvalho. **O Vaso de Flores:** miscelânea poética e histórico-familiar, Rio de Janeiro: Jucitara Editora, 2010. p. 57.

meida, e seus avós maternos eram dos lugarejos de São Sebastião e de Caniva de Baixo, ambos pertencentes à freguesia de Vila Boa de Quires. Os avós paternos de Engrácia, contudo, eram da freguesia de Santo Isidoro de Riba Tâmega, distante menos de sete quilômetros de Quires.

Aquela região sofrera muito com a invasão francesa em 1809. Segundo relatos familiares, Anna d'Almeida, "com três anos de idade, junto com toda a família e criados", encontrou refúgio nas grutas da Quinta do Paçal, que, até ser expropriada, na década de 1830, pertencia à Igreja.[4] Segundo a mesma fonte, "Engrácia passou a ser dona da propriedade onde a família se escondera para escapar à fúria dos franceses".[5]

A localização da Quinta do Paçal ("era perto da Livração" [6]) não era longe do local de origem dos avós paternos de Engrácia (Santo Isidoro). Portanto, imagino que Sebastião, pai de Engrácia, possa ter sido uma das crianças que permaneceu três dias escondida dentro das grutas, com a boca tapada "para não ouvir o choro".[7] As atrocidades cometidas pelos franceses em solo português, e que obrigaram a família de Anna a fugir das suas terras, possivelmente a aproximaram do homem que mais tarde se tornaria seu marido. Noutras circunstâncias, Ana e Sebastião teriam se casado com pessoas das respetivas freguesias.

Não sabemos ao certo quando Adão Gonçalves de Carvalho e Engrácia d'Almeida se conheceram, nem quando se casaram. O fato é que ambos eram da mesma freguesia de Santo André de Vila Boa do Quires, comarca de Penafiel, bispado do Porto. Portanto, não sabemos se Adão, ao partir para

4 RIBERIO, Adão Carvalho. **O Vaso de Flores:** miscelânea poética e histórico-familiar, Rio de Janeiro: Jucitara Editora, 2010. p. 93.

5 RIBERIO, Adão Carvalho. **O Vaso de Flores:** miscelânea poética e histórico-familiar, Rio de Janeiro: Jucitara Editora, 2010. p. 94.

6 RIBERIO, Adão Carvalho. **O Vaso de Flores:** miscelânea poética e histórico-familiar, Rio de Janeiro: Jucitara Editora, 2010. p. 94.

7 RIBERIO, Adão Carvalho. **O Vaso de Flores:** miscelânea poética e histórico-familiar, Rio de Janeiro: Jucitara Editora, 2010. p. 95.

o Brasil em 1850, aos 18 ou 19 anos de idade, levara na memória a imagem da jovem Engrácia de 17 anos.

Adão era movido pela crença em melhores oportunidades além-mar, especialmente na fervilhante capital do Brasil, de onde vinham notícias dos primeiros *"brasileiros"* bem-sucedidos. Assim era chamada a classe emergente de burgueses que, após a Independência, tentariam ocupar o espaço deixado pela aristocracia portuguesa na ex-colônia. A tranquilidade, ou mesmo a imobilidade, da vida no campo em Portugal fora abalada, primeiro, pela invasão napoleônica (1808/1809), depois, pela guerra civil, que atacaria as bases do "sistema senhorial em que se assentava o poder fundiário da Igreja" na década de 1830.[8]

Assim, o mundo que viu nascer Adão em 1831 já não era o mesmo em que seus pais e avós tinham vivido. O rapaz já não estaria tão ligado à terra como aqueles estiveram. O mar o chamava, por mais distante que ele estivesse no sertão entre Douro e Minho.

Adão, porém, não era um emigrante. Apesar de ter se lançado para o novo continente, ele mantinha um pé firme na Europa. Em 1853, Engrácia dava à luz a primeira filha do casal. Seu nome era Maria, nascida em 9 de abril – coincidentemente, exatos 20 anos antes de nascer Maria da Graça, a oitava criança que teve com Adão.

As idas e vindas de Adão à Quinta da Mulra – residência adquirida pelo casal na vila de Paredes, a cerca de seis quilômetros da Igreja de Santo André no centro de Quires – foram pontuadas pela concepção de seus filhos. Foram dez, no total, embora a quinta filha, Maria Virgínia, tenha nascido no Brasil. Não temos informação sobre a data precisa de nascimento de todas as crianças, mas podemos estimar que, durante os quase 30 anos de

8 RIBERIO, Adão Carvalho. **O Vaso de Flores:** miscelânea poética e histórico-familiar, Rio de Janeiro: Jucitara Editora, 2010. p. 63.

casados, Adão e Engrácia conseguiram manter contato suficiente para que, em média, a cada dois anos um bebê viesse ao mundo.

O ritmo só seria interrompido entre o nascimento de Antônio, em 1859, e de Maria Virgínia, em 1865. Durante esse período, Adão ausentou-se de Portugal, levantando suspeitas sobre seu comportamento moral no Brasil. Estaria ele mantendo uma relação extraconjugal? O uso dos serviços de prostitutas era algo aparentemente aceitável. Mas uma relação amorosa permanente poderia ameaçar a estabilidade da família. Engrácia, então, levada pelos "ventos da dúvida"[9], "falsificou o documento de autorização [para viajar, as mulheres precisavam de autorização do marido] e veio arrastar o homem de volta para Portugal".[10]

Durante sua estada no Rio de Janeiro, Engrácia deu à luz Maria Virgínia, em outubro de 1865. No dia 20 de dezembro daquele ano, o jornal *Correio Mercantil* informava o batizado da "filha legítima de Adão Gonçalves de Carvalho e de D. Ignácia de Almeida", na Igreja Matriz do Santíssimo Sacramento.[11] Quase dois anos mais tarde, a edição de 25 de maio de 1867 do Correio Mercantil trouxe a triste notícia do falecimento de "João, filho de Adão Gonçalves de Carvalho, fluminense, 19 dias. Tétano de recém-nascido". Nada, porém, é mencionado sobre a identidade da mãe do bebê.[12]

A família atualmente pouco sabe a respeito de Maria Virgínia. Embora a menina apareça em uma foto com os irmãos em Portugal,[13] os membros da família a que tive acesso chegam a acreditar que ela tenha permanecido

9 RIBERIO, Adão Carvalho. **O Vaso de Flores:** miscelânea poética e histórico-familiar, Rio de Janeiro: Jucitara Editora, 2010. p. 56.

10 Comunicação pessoal de Antonio Luiz Carvalho, via mensagem do aplicativo Whatsapp, no dia 13 de novembro de 2020.

11 **Correio Mercantil**, 1865, ed. 0346, p. 2.

12 **Correio Mercantil**, 1867, ed. 0144, p. 2.

13 RIBERIO, Adão Carvalho. **O Vaso de Flores:** miscelânea poética e histórico-familiar, Rio de Janeiro: Jucitara Editora, 2010. p. 68.

no Brasil. Ignorando a evidência do jornal carioca, que informou sobre o batismo da "filha legítima de Adão," um deles chegou a considerar a possibilidade de a menina ser filha da suposta amante.[14] Contudo, caso a amante tenha tido um filho de Adão, acho mais provável que seu bebê tenha sido aquele que o jornal anunciou como falecido em 1867.

O pouco conhecimento da família em Portugal sobre o que acontecia com Adão e Engrácia no Brasil me leva a acreditar que o casal não tivesse parentes no Rio de Janeiro. Isso poderia explicar por que eles teriam escolhido como padrinho de sua filha brasileira o comerciante português Hermenegildo Nunes Cardoso, participante ativo do movimento associativo no Rio de Janeiro na segunda metade do século XIX.[15] Entretanto, tal informação, até onde sei, não consta dos documentos da família. Descobri esse fato pesquisando o acervo digital da Biblioteca Nacional em busca de informações sobre as atividades de Adão durante a década de 1860.

Foi assim que me deparei com uma "publicação a pedido" na primeira página do *Jornal do Commercio*. O texto era endereçado ao Sr. Adão Gonçalves de Carvalho e assinado por Hermenegildo Nunes Cardoso em 14 de março de 1868. Ao que parece, Adão teria tido "uma ideia ultimamente a pôr em prática" e o compadre negou-lhe apoio. Ressentido, Adão passou a tratá-lo com frieza, fazendo com que Engrácia fizesse o mesmo. Em resposta, Hermenegildo "deixou de subir mais ao lar doméstico; ainda continuei [continuou] a ir à casa de negócio do senhor Adão".[16] Foi então que, um

---

14 Comunicação pessoal de Antonio Luiz Carvalho, via mensagem do aplicativo Whatsapp, no dia 13 de novembro de 2020.

15 Evidências da participação de Hermenegildo, ver: **Correio Mercantil**, 1861, ed. 0205 (Nova Aurora); **Diário do Rio de Janeiro**, 1869, ed. 0343 (Sociedade União Beneficente das Famílias Honestas); **Jornal do Commercio**, 1867, ed. 0121 (Caixa de Soccorros de D. Pedro V). Sobre o tema, ver: Ronaldo Pereira de Jesus. "Associativismo no Brasil do Século XIX: repertório crítico dos registros de sociedades no Conselho de Estado (1860-1889)." **Locus** (Juiz De Fora, Brazil), 13, n. 1 (2007).

16 **Jornal do Commercio**, 1868, ed. 0077. p. 1 Disponível em: http://memoria.bn.br/DocReader/364568_05/13473. Acesso em: 10 dez. 2022.

dia, Adão enviou um empregado à casa de Hermenegildo para saldar uma pequena dívida. O gesto foi entendido como um rompimento. A partir daquele momento, o ressentimento entre os dois compadres portugueses seria expresso publicamente nos jornais do Rio de Janeiro.

Os documentos que me chegaram às mãos nada indicam sobre as atividades de Adão antes de aportar no Brasil, nem permitem saber se ele já teria conhecidos que o ajudassem a se instalar no país. Não encontrei qualquer referência a uma possível ajuda de sociedades beneficentes nos registros disponibilizados por Ribeiro. Apenas o nome do francês Jean Baptiste Breissan aparece nos relatos da família. Ele é apresentado como o "negociante de couros que auxiliou e incentivou" Adão a abrir uma oficina de sapataria em 1856 no Rio de Janeiro.

De acordo com esse relato, Breissan teria oferecido "crédito e apoio moral".[17] Ao contrário da frágil amizade com Hermenegildo, rompida logo que este negou apoio a sua iniciativa, a amizade com o francês Breissan sobreviveria à própria morte de Adão. Em 1884, "Engrácia, domiciliada em Portugal, era representada por J. B. Breissan & C., ou seja, por Jean Baptiste Breissan", em uma sociedade com o filho Antônio.[18]

Jean Baptiste era filho de Hilaire Breissan, "formeiro de Paris, residência na rua de S. José n. 60", onde tinha se estabelecido desde 1839, quando chegara ao Rio de Janeiro. Recém-chegado da França, Hilaire anunciava no *Jornal do Commercio* seu grande sortimento de "toda sorte de ferramenta para a fabricação do calçado".[19] Três anos mais tarde, o imigrante receberia sua família no porto do Rio. Sua esposa Ursule Virginie Breissan, acompa-

---

17 RIBERIO, Adão Carvalho. **O Vaso de Flores:** miscelânea poética e histórico-familiar, Rio de Janeiro: Jucitara Editora, 2010. p. 30.

18 RIBERIO, Adão Carvalho. **O Vaso de Flores:** miscelânea poética e histórico-familiar, Rio de Janeiro: Jucitara Editora, 2010. p. 30.

19 **Jornal do Commercio**, 1839, ed. 0054.

nhada de um filho, trazia a bordo do navio *Beaujeau* a bagagem composta por "9 caixas de miudezas, e 2 caixas de mobília, 1 objeto de confeiteiro".[20]

Ao contrário de Adão uma década mais tarde, Hilaire Breissan parecia ter decidido começar uma nova vida no Brasil, deixando a Europa para trás. Isso não significava, porém, que tivesse cortado relações com seu país natal. Além do negócio de suprimentos para a produção de calçados, Breissan se dedicava à exportação de café para a França.[21]

Onde Adão teria adquirido as competências para abrir sua "pequena oficina de calçados a mão"? Em sua pequena biografia publicada em 1928 na revista *Veritas*, consta que ele trabalhara "vários anos em diversas oficinas, até que, em outubro de 1856, com forte desejo de prosperar, e algumas economias obtidas com grande sacrifício", conseguiu montar seu próprio negócio.[22] É provável que Adão tenha aprendido o ofício de sapateiro trabalhando para Hilaire Breissan.

Supondo que Adão tivesse mais ou menos a mesma idade de Jean Baptiste, é razoável pensar que a convivência tenha feito os dois rapazes amigos, quase parte da família. Chego a me perguntar se o nome dado à filha nascida no Brasil, Maria Virgínia, não tenha sido uma homenagem de Adão à mãe de seu amigo, Ursule Virginie. Nesse contexto, podemos entender o "crédito e apoio moral" que Adão recebeu de Jean Baptiste quando este se tornou sócio da Breissan & Filhos.[23]

Não há dúvida de que Adão prosperou. Gradualmente, de uma oficina manual, seu empreendimento se transformou, vinte anos mais tarde, em uma fábrica mecanizada – primeiro "movida a pé" e, logo depois, "acionada

---

20 **Jornal do Commercio**, 1842, ed. 00164 – 00165.

21 **Jornal do Commercio**, 1849, ed. 0216, Exportação de "43 saccas e 3 barricas de café" para o porto de Havre, em nome de Breissan.

22 RIBERIO, Adão Carvalho. **O Vaso de Flores:** miscelânea poética e histórico-familiar, Rio de Janeiro: Jucitara Editora, 2010. p. 24

23 Almanak, 1859, "Lojas de Couros".

por motor a gás".[24] Com o nome de Fábrica de Calçados Adão, o capital social da empresa em 1874 era de quase 20 mil contos de réis, dos quais 15,5 mil contos de réis pertenciam a Adão.[25] Os lucros realizados no Brasil durante mais de 25 anos permitiram a Adão investir em terras em Portugal.

Após a aquisição da Quinta da Mulra, a qual se tornaria o local de base da família fundada por Adão e Engrácia, novos terrenos foram sendo comprados e somados ao patrimônio fundiário ao longo dos anos. Uma escritura de 1871 comprova a compra de "uma sortte de matto" para ser acrescida à Quinta. O preço de 63 mil réis foi pago "em boas moedas de dinheiro sonante ouro e prata".[26] O terreno comprado equivalia a apenas 100 gramas de ouro.[27] Para se ter uma ideia, o valor da fábrica em 1874 era equivalente a quase 18 quilogramas de ouro.[28] A valores de novembro de 2020, a Fábrica de Calçados Adão iniciou com um capital equivalente a quase 1 milhão e 200 mil dólares.[29]

Adão e Engrácia faziam parte de uma nova classe que emergia em Portugal e que "encarava a agricultura com uma nova mentalidade empresarial, inves-

24 RIBERIO, Adão Carvalho. **O Vaso de Flores:** miscelânea poética e histórico-familiar, Rio de Janeiro: Jucitara Editora, 2010. p. 24.

25 Notar que 1 conto= 1 milhão de réis. Mil-reis/dolar= 1,91 (1871); 1,74 (1874) Fonte: Heitor Pinto de Moura Filho. "Câmbio de longo prazo do mil-réis: uma abordagem empírica referente às taxas contra a libra esterlina e o dólar (1795-1913)." **Cadernos de História**, Belo Horizonte, v. 11, n. 15, 2º sem. 2010. p. 31-34.

26 RIBERIO, Adão Carvalho. **O Vaso de Flores:** miscelânea poética e histórico-familiar, Rio de Janeiro: Jucitara Editora, 2010. p. 63.

27 "Em 1854, Portugal adoptou o padrão-ouro com uma proporção de 1.000 réis = 1,62585 gramas de ouro fino; padrão-ouro foi mantida até 1891." Disponível em: https://www.moedanumismatica.com/portugal/. Acesso em: 10 dez. 2022.

28 Valor de 10 mil réis brasileiros era equivalente a 8,96 gramas de ouro. Logo, a proporção da moeda brasileira homônima era de 1.000 réis = 0,896 gramas de ouro. Fonte: Eugenio Vergara Caffarelli. As moedas do Brasil: desde o Reino Unido 1818 – 2000. São Paulo, 2002, p. 82. Disponível em: https://www.vergaracaffarelli.it/styled-9/files/2002---as-moedas-do-brasil.pdf. Acesso em: 10 dez. 2022.

29 Cambio em 22 de novembro de 2020: 1 XAU = 1.872,06 USD.

tindo dinheiro em novos processos agrícolas e em novas culturas".[30] Adão, filho de "lavradores", tornava-se "proprietário" em Portugal e "industrial" no Brasil. Os dois papéis se reforçavam mutuamente.

Por mais que se deseje a paz, devemos reconhecer que as guerras criaram condições para que a iniciativa de Adão resultasse em ascensão econômica e social. Em Portugal, a guerra civil e a extinção das ordens religiosas desestruturaram a aristocracia e liberaram terras para as classes emergentes a baixíssimo custo. No Brasil, a Guerra do Paraguai (1865-1870) ampliou o mercado para a produção da fábrica de Adão, que fornecia para o exército brasileiro.[31]

As fontes comprovam o sucesso financeiro da Fábrica de Calçados Adão. Em 1877, Adão foi obrigado a retornar a Portugal em decorrência de grave doença – provavelmente um "choque apoplético" como o que o colocou em uma cadeira de rodas e o levou à morte em 1880.[32] Naquela ocasião, foi feito o distrate da sociedade, e o último dos sócios minoritários a sair recebeu cerca de 16 contos de réis por sua participação, que, em 1874, era de 2 contos de réis.[33] Isso mostra que, antes que completasse três anos, a fábrica valorizou oito vezes! Teria Hermenegildo Nunes Cardoso errado em não apoiar as ideias do compadre?

Assim, dissolvida a sociedade, em 1877, o quarto filho do casal Adão e Engrácia – Antônio, com apenas 18 anos – assumia "todo o 'Activo e

30 RIBERIO, Adão Carvalho. **O Vaso de Flores:** miscelânea poética e histórico-familiar, Rio de Janeiro: Jucitara Editora, 2010. p. 63.

31 RIBERIO, Adão Carvalho. **O Vaso de Flores:** miscelânea poética e histórico-familiar, Rio de Janeiro: Jucitara Editora, 2010. p. 49.

32 Atestado de Óbito, reprodução fotográfica do documento original em Ribeiro, p. 58.

33 RIBERIO, Adão Carvalho. **O Vaso de Flores:** miscelânea poética e histórico-familiar, Rio de Janeiro: Jucitara Editora, 2010. pp. 26-29.

o Passivo' sob a forma individual".[34] Com o retorno do pai doente para Portugal, cabia ao jovem Antônio Gonçalves de Carvalho a gestão do patrimônio da família no Brasil. Ele era o único responsável por uma fortuna de 144 quilogramas de ouro – ou aproximadamente 10 milhões de dólares americanos (em valores de novembro de 2020).

34 RIBERIO, Adão Carvalho. **O Vaso de Flores:** miscelânea poética e histórico-familiar, Rio de Janeiro: Jucitara Editora, 2010. p. 29.

Antônio, um "brasileiro" em Portugal

Em 24 de março de 1859, a Quinta da Mulra dava as boas-vindas ao quarto bebê saído do fértil ventre de Engrácia. O menino recebeu o nome de Antônio. Como era do sexo masculino, foi honrado com o sobrenome "de Carvalho" oferecido anteriormente pelo padre Joaquim José de Carvalho a seu pai, Adão Gonçalves. Os anos de sua infância foram passados ao lado de seus três irmãos (somente um pouco) mais velhos e, provavelmente, de seus avós maternos, na pequena vila no interior de Portugal.

Mal começava a andar, seu pai viajou para o Brasil a negócios. Logo depois, sua mãe o seguiria através do Atlântico. Levada pelos "ventos da dúvida",[1] deixaria os quatro miúdos para trás. Relatos familiares confirmam que o marido teve uma amante no Brasil, supostamente uma costureira, que o seguiria, mais tarde, para Portugal, onde Adão teria aberto um ateliê para ela trabalhar.[2]

Em 11 de março de 1869, Adão e Engrácia retornam à Quinta da Mulra, ainda em tempo para comemorar o décimo aniversário de Antônio. Com a volta dos pais, Antônio ganha uma nova irmã – Maria Virgínia, então com quatro anos e meio.

Infelizmente, pouco durou a experiência de Antônio junto à família completa. Em apenas 18 meses ele deixaria a terra natal. Com apenas onze anos de idade, aquele "menino de ferro"[3] seria deixado sozinho no Rio de Janeiro. Curiosamente, seu nome não consta da lista de passageiros do vapor Patagônia publicada no jornal Diário do Rio de Janeiro. Apenas o nome de seu pai está entre aqueles que saíram no dia 13 de setembro de 1870. Não há

1 RIBERIO, Adão Carvalho. **O Vaso de Flores:** miscelânea poética e histórico-familiar, Rio de Janeiro: Jucitara Editora, 2010. p. 56.

2 Comunicação pessoal de Adão Ribeiro para Antônio Luiz, que me repassou via mensagem do aplicativo Whatsapp, no dia 13 de novembro de 2020.

3 RIBERIO, Adão Carvalho. **O Vaso de Flores:** miscelânea poética e histórico-familiar, Rio de Janeiro: Jucitara Editora, 2010. p. 112.

nem mesmo menção a "um filho" viajando com Adão – o que era comum com relação a menores acompanhados de seus pais. Estaria Antônio entre os "365 passageiros em trânsito"?[4]

Sabemos que Antônio de fato embarcou naquele vapor, pois ele deixou seu próprio relato da chegada ao Rio de Janeiro, o qual faz parte do arquivo da família que foi editado por Ribeiro.[5] Essa fonte nos permite saber que, apenas quatro dias após a chegada no país, o pai o empregou no Armazém de Fazendas da firma Dias da Silva & Cia. Depois de arranjar emprego para o filho e de cuidar de seus próprios negócios – como a assinatura de um contrato com o comerciante de calçados português Antônio Ferreira Azevedo[6] –, Adão retornou a Portugal no dia 7 de março de 1871.[7]

Assim, nem tinha ainda completado 12 anos de idade, Antônio encontrava-se só, em uma grande capital, do outro lado do oceano. Ele era apenas um menino, mas já era responsável pelo seu sustento como um homem feito. Foi no Armazém de Fazendas, localizado no centro da cidade, que Antônio aprendeu as primeiras lições de disciplina do trabalho urbano. Devia ser muito diferente do trabalho no campo, ao qual certamente já tinha sido exposto, mesmo que apenas como observador.

Mais ainda, o primeiro emprego de Adão também era em um lugar muito diferente do ambiente de uma casa de família. Ao contrário de tantos comerciantes portugueses, que moravam em cima de sua loja ou oficina como tinha sido o caso de seu pai, o patrão Manoel José Dias da Silva morava no sofisticado bairro de Laranjeiras.[8]

---

4 **Diário do Rio de Janeiro**, 1870, ed. 00275.

5 RIBERIO, Adão Carvalho. **O Vaso de Flores:** miscelânea poética e histórico-familiar, Rio de Janeiro: Jucitara Editora, 2010. p. 116.

6 **Diário do Rio de Janeiro**, 1870, ed. 0323.

7 **Diário do Rio de Janeiro**, 1871, ed. 0065.

8 **Almanak**, 1876, ed. 0033.

Embora fosse também português, o sucesso econômico de Manoel permitia-lhe manter a moradia afastada de sua loja, localizada no agitado centro comercial da corte imperial brasileira. Para Antônio, o Sr. Dias da Silva não devia ser mais do que um nome no letreiro de seu local de trabalho. Depois de dois anos consciente da impessoalidade do mundo do trabalho, Antônio retirou-se daquele emprego.

O que teria feito Antônio, uma vez que não tinha mais o compromisso com o trabalho? Uma informação encontrada no jornal *Correio do Brazil* me leva a imaginar que aquele adolescente solitário poderia ter aproveitado o momento de liberdade para se aventurar pelo litoral do lado ocidental do Atlântico. Na seção do jornal relativa ao movimento do porto, aparecia o veleiro tipo patacho [usado para transporte de carga] chamado *Aurora Feliz*. A embarcação com nome bastante sugestivo estava de saída para o porto de Angra dos Reis, carregando "vários gêneros e pipas vazias" e um único passageiro, o português de nome Antônio Gonçalves de Carvalho.[9]

A data da suposta viagem é compatível com o período que o próprio Antônio alega ter se retirado da loja de Dias da Silva e permanecido por oito dias desempregado. Depois da semana de folga, Antônio deu-se conta de que "não tendo nessa ocasião parente nenhum que me [lhe] pudesse agasalhar", deveria recorrer aos conhecidos de seu pai para buscar ajuda. Assim o fez e conseguiu que Valentim do Nascimento o empregasse na firma de fazendas e roupas feitas *Ao Leão de Bronze*.[10]

Valentim era membro da Sociedade Portuguesa de Beneficência. Instituições como essa acolhiam imigrantes recém-chegados, davam-lhes suporte e orientação, mas não substituíam o calor e o aconchego da família. Ribeiro conta que Antônio, "certa vez, inquirido sobre sua vida, respondeu

---

9 **Correio do Brazil**, 1872, ed. 0345 (Movimento do Porto, 23 out. 1872).

10 RIBERIO, Adão Carvalho. **O Vaso de Flores:** miscelânea poética e histórico-familiar, Rio de Janeiro: Jucitara Editora, 2010. p. 116.

que o que mais lhe pesou no início da adolescência foi a solidão. Sem amigos, os pais distantes, nenhum contato familiar na cidade ou no país que vivia".[11] Permaneceu no novo emprego, na casa de fazendas e roupas feitas *Ao Leão de Bronze*, por mais ou menos dois anos.

Foi então que, por causa de uma "desinteligência com um companheiro", "despediu-se". As palavras que Antônio escolheu para contar sua história não nos permite afirmar se ele foi demitido ou se pediu demissão. O fato é que, àquela altura, em 1874, seu pai já estava de novo no Brasil e "ele não ficou satisfeito, tanto que me [lhe] disse, ia procurar emprego em outra casa".[12] Em outras palavras, Adão não estava disposto a colocar o filho debaixo das próprias asas.

O negócio de Adão não era mais uma oficina. A nova Fábrica de Calçados Adão já empregava centenas de funcionários. Contudo, por não ter ficado "satisfeito" com o comportamento de Antônio no emprego anterior, recusou-se, a princípio, a empregá-lo em sua própria empresa. Não tendo, porém, para onde ir, Antônio foi "trabalhando em sua casa, até que resolveu admitir-me [lo] como empregado".[13]

Migrando do comércio para a indústria, Antônio, aos 15 anos, começava a aprender sobre a nascente produção calçadista brasileira. O rapaz, porém, teria muito pouco tempo para aprender com o pai. Em pouco mais de dois anos, Adão voltaria definitivamente para Portugal, onde morreria no mesmo ano em que seu neto, também Adão, nascia no Brasil, em 1880. Foi assim que o jovem Antônio, com apenas 21 anos, via principiar "sua grande labu-

---

11 RIBERIO, Adão Carvalho. **O Vaso de Flores:** miscelânea poética e histórico-familiar, Rio de Janeiro: Jucitara Editora, 2010. p. 112.

12 RIBERIO, Adão Carvalho. **O Vaso de Flores:** miscelânea poética e histórico-familiar, Rio de Janeiro: Jucitara Editora, 2010. p. 116.

13 RIBERIO, Adão Carvalho. **O Vaso de Flores:** miscelânea poética e histórico-familiar, Rio de Janeiro: Jucitara Editora, 2010. p. 116.

ta". Ele "tinha de atender ao bem-estar de duas famílias" – a de sua mãe e seus irmãos em Portugal e a que começava a construir no Brasil.[14]

Ainda em 1879, enquanto contratava mais "officiaes de sapateiro" para sustentar o crescimento da Fábrica de Calçados, Antônio contraiu matrimônio com Maria Gasparina Ferreira.[15] O casal teve 12 filhos. Tal qual seu pai, Antônio equilibrava os negócios e a vida familiar entre Brasil e Portugal por meio de frequentes viagens. Mas, ao contrário de Adão, Antônio sempre que possível "se fazia acompanhar de um ou mais filhos".[16]

Eram certamente novos tempos. Em apenas três décadas, o mundo que Adão vivera era muito diferente do que Antônio experienciava. Enquanto o pai provavelmente nunca visitara qualquer lugar além do Brasil e de Portugal, seu filho aproveitava todas as oportunidades para conhecer novos lugares. As viagens de Antônio eram movidas por mais do que a necessidade de cuidar da família ou dos negócios.

Em 1900, ele levou a mãe (e sócia) Engrácia à França para visitarem a Exposição Universal de Paris. Logo depois, colocou seu filho primogênito, chamado Adão, como seu falecido pai, à frente dos negócios. Antônio pôde, então, visitar lugares como Estados Unidos, Canadá, Cuba, Haiti, Venezuela, Colômbia, México, Itália e Rússia. Segundo seu bisneto, Ribeiro, ele teria inclusive visitado "Jerusalém e Roma, e, nesta, sido recebido pelo Papa Leão XIII".[17]

Assim, com quarenta e poucos anos, e com uma fortuna que seus avós, lavradores, jamais seriam capazes de imaginar, Antônio aproveitou para co-

14 RIBERIO, Adão Carvalho. **O Vaso de Flores:** miscelânea poética e histórico-familiar, Rio de Janeiro: Jucitara Editora, 2010. p. 117.

15 **Gazeta**, 1879, ed. 004.

16 RIBERIO, Adão Carvalho. **O Vaso de Flores:** miscelânea poética e histórico-familiar, Rio de Janeiro: Jucitara Editora, 2010. p. 119.

17 RIBERIO, Adão Carvalho. **O Vaso de Flores:** miscelânea poética e histórico-familiar, Rio de Janeiro: Jucitara Editora, 2010. p. 123.

nhecer o mundo. Afinal, como dizia o poeta português Fernando Pessoa, resgatando a sabedoria latina, "navegar é preciso".[18]

Ainda que as viagens transatlânticas fossem uma marca na vida de Antônio e de seu pai, eles não abriram mão de fundar raízes no solo – um, no Brasil, e o outro, em Portugal. Aos filhos de Adão que permaneceram em Portugal, couberam as várias casas erguidas nos terrenos adquiridos em torno da Quinta da Mulra, a qual, por fim, foi herdada pelo filho caçula, chamado Antônio Augusto. A Antônio, o filho "brasileiro", coube a tarefa de erguer uma versão da Quinta portuguesa nos trópicos. Ele não poupou esforços para reproduzir o encanto da casa como lugar de congregação familiar no país onde criava os próprios filhos.

Embora morasse na Rua da Glória, em um bairro sofisticado, porém próximo ao centro da cidade e à sua fábrica, Antônio construiu um refúgio aos pés da Floresta da Tijuca. A Chácara da Tijuca, como ficou conhecida, localizava-se em um dos subúrbios da cidade do Rio de Janeiro onde o clima de montanha a aproximava da sensação do interior de Portugal, de onde a família se originava. Dizem que Antônio teria caprichado tanto em seu projeto que "nessa casa foi instalado o primeiro elevador residencial do Rio de Janeiro".[19]

Antônio teve muitos anos para desfrutar da Chácara da Tijuca e das festas familiares realizadas naquele lugar convidativo. Uma fotografia de 1908 mostra 40 pessoas alinhadas em frente à casa. Eram filhos, netos e amigos de Antônio. Em outra fotografia, a casa aparece como cenário do aniversário de 50 anos de matrimônio de Antônio e Maria Gasparina, em 1929. O número de pessoas na foto quase dobrou com o acréscimo de mais uma geração.

18 Versão da frase atribuída ao general romano Pompeu: "Navigare necesse, vivere non est necesse". Disponível em: https://www.uc.pt/navegar/. Acesso em: 10 dez. 2022.

19 RIBERIO, Adão Carvalho. **O Vaso de Flores:** miscelânea poética e histórico-familiar, Rio de Janeiro: Jucitara Editora, 2010. p. 117.

Quando Antônio morreu, no Rio de Janeiro, aos 84 anos, tinha conseguido erguer uma empresa lucrativa que funcionou por mais 30 anos após sua morte e uma família unida que continua honrando sua memória até hoje.

Desta forma, a ascensão social iniciada com Adão, em 1850, continuou com Antônio, que chegou a receber o título honorífico de Comendador de uma ordem religiosa.[20] Em 1882, quando tinha 23 anos, Antônio já atuava como presidente da Sociedade de Socorros Mútuos Protetora dos Artistas Sapateiros.[21] Não sabemos o grau de instrução que Antônio teve. No entanto, podemos inferir que o nível de instrução aumentou a cada geração da família Carvalho.

É possível que Adão tenha chegado ao Brasil, em 1850, como mais um português analfabeto. O padrinho da filha sugeriu que Adão recorria a terceiros sempre que precisava se expressar por escrito, deixando de ler os textos antes de assinar. Hermenegildo reconheceu explicitamente que Adão "não teve os princípios que desenvolvem a intelectualidade do homem".[22] Seus filhos, por outro lado, parecem ter tido acesso à alfabetização que faltara ao pai.

Para Antônio ter se empregado no comércio de alto padrão carioca assim que pisou na cidade, é quase certo que ele já dominasse a leitura, a escrita e a aritmética. Mais tarde, já adulto, suas cartas mostrariam correção gramatical em uma caligrafia elegante. A prova do nível de escolaridade mais elevado alcançado pelos demais filhos e filhas de Adão está no fato de três dos genros de Adão e Engrácia terem se formado em Direito na Universidade de Coimbra.[23]

20 RIBERIO, Adão Carvalho. **O Vaso de Flores:** miscelânea poética e histórico-familiar, Rio de Janeiro: Jucitara Editora, 2010. p. 133.

21 **O Apóstolo**, 1883, ed. 0028.

22 **Jornal do Commercio**, 1868, ed. 0077, p. 1 ("publicação a pedido").

23 RIBERIO, Adão Carvalho. **O Vaso de Flores:** miscelânea poética e histórico-familiar, Rio de Janeiro: Jucitara Editora, 2010. p. 105.

Práticas afetivas e vínculos emocionais

Como a história da família de Adão e Antônio pode ajudar a entender o que leva as pessoas a assumir uma identidade coletiva? Até que ponto a experiência portuguesa ilustra o que acontece com comunidades que, mesmo estando geograficamente dispersas, permanecem emocionalmente conectadas? Que contribuição a história das emoções pode trazer para as reflexões a respeito da formação e da permanência de comunidades fisicamente afastadas?

A historiadora das emoções Monique Scheer se apoia no conceito de "*habitus*" do sociólogo Pierre Bourdieu[1] para defender que as emoções são um tipo de "prática". Segundo ela, "práticas não apenas geram emoções, mas as próprias emoções podem ser vistas como um envolvimento prático com o mundo".[2] Neste sentido, as emoções são "praticadas" dentro de contextos sociais caracterizados por circunstâncias físicas, culturais e históricas. Na mesma linha, a psicóloga social Margaret Wetherell argumenta que "a atividade afetiva é uma forma de prática social".[3]

Portanto, assumindo que uma prática é uma forma habitual de agir no mundo, a "prática afetiva" pode ser uma unidade de análise melhor do que as emoções individuais. Afinal, as práticas são mais facilmente observáveis do que as emoções, já que a estas últimas só temos acesso por meio de sua expressão. Observar as práticas afetivas é ainda mais relevante quando o objetivo é entender os padrões de interação entre as pessoas e o comportamento coletivo resultante.

Por esta razão, examino aqui as práticas afetivas da família Carvalho buscando compreender como elas criam e reforçam vínculos emocionais.

---

1 Bourdieu, Pierre. **The Logic of Practice.** Stanford: Stanford University Press, 1990.

2 Scheer, Monique. "Are Emotions a Kind of Practice (and is that what makes them have a history) A Bourdieuian approach to understanding emotion." **History and Theory**, 51 (2012): 193-220.

3 Wetherell, Margaret. "Trends in the Turn to Affect: A Social Psychological Critique." **Body & Society**, 21, n. 2 (2015): 139-166.

Uma vez que a pesquisa histórica se baseia predominantemente na palavra escrita, procurar atitudes e gestos afetivos nas fontes pode ser um desafio. É nesse caso que a micro-história se apresenta como uma metodologia valiosa. Ela permite enxergar as atitudes dos indivíduos dentro de um contexto de interações mais amplo. Ela fornece uma espécie de perspectiva interna que nos permite interpretar práticas complexas que, de outra forma, correriam o risco de ser ignoradas.

Minha tarefa como uma "historiadora das emoções" é descobrir os padrões que emergem das práticas afetivas da família Carvalho à medida que cada uma daquelas pessoas respondia às circunstâncias da vida real. O estudo da família Carvalho chama a atenção para dois tipos de práticas afetivas: as relacionadas ao *lugar* e as relacionadas ao *cuidado*.

Classifico como ligadas a um "*lugar*" as práticas afetivas que proporcionam um contexto físico para a interação social e a construção de memórias emocionais. Loretta Baldassar, que estuda a migração italiana na Austrália, admite que "a relação entre emoções e fisicalidade (a influência da copresença ou da ausência corporal na interação emocional) é uma área muito pouco examinada".[4] Assim, ofereço aqui minha contribuição ao estudo da importância da presença física no suporte a relacionamentos comunitários de longa duração. Neste capítulo, examino tanto os padrões de construção das residências quanto dos deslocamentos geográficos dessa família portuguesa no Brasil, sugerindo que práticas centradas em *lugares* físicos podem reforçar os vínculos emocionais.

Quanto às práticas afetivas ligadas ao "*cuidado*", refiro-me às atitudes que implicam preocupação e cuidado com aqueles que compartilham uma mesma identidade coletiva. Tais práticas suscitam mais do que a empatia. Elas refletem uma preocupação concreta com o bem-estar do outro, tradu-

---

4 Baldassar, Loretta. "Transnational Families and the Provision of Moral and Emotional Support: The Relationship between Truth and Distance." **Identities** (Yverdon, Switzerland), 14, n. 4 (2007): 385-409. p. 405.

zindo-se em ações de cuidado efetivo. A palavra *saudade* é uma presença marcante nas fontes portuguesas. Porém, mais do que uma expressão verbal de uma emoção, a saudade tende a acompanhar práticas de cuidado que se manifestam tanto no discurso quanto nos gestos dos indivíduos.

Vale notar que *saudade* é uma palavra que se aplica a um sentimento que se tem em relação não só a pessoas, mas também a lugares e experiências. Então, quem sente saudade sente falta de alguém, de algum lugar ou de algo considerado especial. São coisas que "deixam saudades" porque, como deram prazer ou realização no passado, a pessoa espera que a experiência possa se repetir no futuro. Assim, a saudade é uma emoção que mobiliza memórias que são recuperadas conforme desejado, em algum momento no futuro, quando algum evento, por vezes aleatório, desencadeia esse sentimento.

Os estudos de Neto e Mullet sobre o conceito de saudade mostram que "lembranças" e "sentimento de falta de alguma coisa" estavam entre as características mais frequentes – e centrais – dessa emoção.[5] Seus estudos também mostram que "as características negativas não foram consideradas mais representativas do conceito de saudade do que as características positivas".[6] Afinal, saudade é uma emoção negativa ou positiva? Tal ambivalência é possivelmente uma das razões pelas quais é tão difícil explicar o significado da saudade para quem não fala português. Daí a afirmação, desde os escritos do Rei D. Duarte, no século XV, de que a saudade é intraduzível.[7]

Pequenas diferenças de significado podem aparecer mesmo entre falantes nativos de português. Zuzanna Bułat Silva chama a atenção para as variações sutis no uso da palavra saudade no Brasil e em Portugal. Como ela observa que "ter saudade" é a forma mais comum no português europeu,

5 Neto, Félix and Etienne Mullet. "A Prototype Analysis of the Portuguese Concept of Saudade." **Journal of Cross-Cultural Psychology**, 45, n. 4 (2014): 660-670.

6 Neto, p. 668.

7 Duarte, rei de Portugal, 1391-1438. **Leal Conselheiro, o qual fez Dom Duarte**: seguido do livro da ensinança de bem cavalgar toda sella. França: J.P. Aillaud, 1842, p. 151.

enquanto "sentir saudade" é usado tanto em Portugal quanto no Brasil, e "estar com saudade" parece ser usado com mais frequência no Brasil do que em Portugal.[8]

A difusão dessa emoção na vida de portugueses e brasileiros tem sido evidente na música e na literatura. No início do século XX, a saudade ganhou visibilidade com o saudosismo, movimento cultural que, entre outras características, criou uma versão intelectual e secularizada do *Sebastianismo*.[9] Este termo refere-se ao fenômeno popular e messiânico cujas raízes estão no trauma nacional da União Ibérica do século XVI. Desde que o Rei Sebastião de Portugal desapareceu em batalha em 1578, os sebastianistas esperam pelo seu regresso para restaurar a glória da nação portuguesa.

Como emoção alegadamente portuguesa, a saudade tende a reforçar a identidade coletiva. No entanto, por seu caráter relacional intrínseco, para que seja desencadeada e sustentada, é necessário que os membros da coletividade compartilhem não apenas um repertório de memórias, mas também a esperança de renascimento de experiências especiais do passado no futuro. Tal esperança não precisa basear-se em avaliações realistas da situação vivida. Como demonstraram os sebastianistas, a esperança que mantém vivo o sentimento de saudade pode ser uma questão de fé.

Lugares e cuidado nas práticas afetivas

Com base na seguinte análise das práticas afetivas da família Carvalho, sugiro que é a capacidade de continuar a sentir saudade que mantém os portugueses unidos quando separados geograficamente.

8 Silva, Zuzanna Bułat. "Saudade: a Key Portuguese Emotion." **Emotion Review**, 4, n. 2 (2012): 203-211, p. 208.

9 Pérez López, Pablo Javier. "Historia y Destino: El Fatalismo Como Identidad Nacional Lusa." **Diacronie** (2015).

- *Lugares e deslocamento*

> *"À primitiva casa da Mulra, com três alas em forma de U e varanda claustrada, acrescentaram uma grande ala abrasileirada, do tipo das casas grandes de além-mar, e uma nova varanda, em ferro aparente, como estava então na moda. Construíram ainda um enorme chalet de telhado pontiagudo, como se usava nos países onde caía muita neve, a "Vila Engrácia", com palmeiras no jardim, e que era a típica casa de 'brasileiro', elemento exótico na paisagem rural Entre-Douro e Minho."*[10]

Essa é a descrição da grande propriedade comprada pelo casal Adão Gonçalves de Carvalho e Engrácia de Almeida, na aldeia de Paredes, concelho de Penafiel, província de Entre-Douro e Minho, no Norte de Portugal. A casa de 16 quartos, "rodeada de vinhas e outras culturas", pertencera a um mosteiro beneditino. Após o governo liberal de D. Maria II nacionalizar as terras das ordens religiosas, a *Quinta da Mulra* tornou-se um local sagrado para os membros da nascente família Carvalho.

Com o tempo, o casal incorporou novas terras à Quinta e investiu em novas culturas. Menos de um século depois, o vinho produzido na Mulra foi premiado na Exposição Agropecuária do Rio de Janeiro de 1930. O vinho tinha o sugestivo nome de "Alegria Engarrafada".

A alegria vivida naquele local tem sido partilhada por muitas gerações de Carvalhos até os dias de hoje, pois ainda é propriedade de membros da família. Na coleção elaborada por Adão Ribeiro Carvalho, e que utilizo como principal fonte primária neste trabalho, a *Quinta da Mulra* é presença constante, quer nas histórias de família, quer nas fotos.

A *Mulra* e as demais casas construídas ao seu redor tornaram-se um ponto de atração onde os numerosos membros da família podiam encontrar

10 Ribeiro, Adão Carvalho. **O vaso de flores:** miscelânea poética e histórico-familiar. Rio de Janeiro: Jucitara Editora, 2010, p. 64.

refúgio e entrar em contato com seu passado. E, para aqueles que viviam do outro lado do oceano, a *Mulra* também foi um modelo. Antônio Gonçalves Carvalho, não satisfeito com uma casa próxima ao centro do Rio de Janeiro, construiu outra no bairro da Tijuca. A "Chácara da Tijuca" era a versão brasileira da *Quinta da Mulra*. Era ali que os membros do ramo familiar que ele iniciou no Brasil se reuniam e recebiam seus parentes de Portugal.

A *Quinta da Mulra* em Portugal e a *Chácara da Tijuca* no Brasil são exemplos das "formas de vida comunitária" que Studnicki-Gizbert considerou uma das características centrais da comunidade mercantil transatlântica portuguesa já no século XVI.[11] "Residências que abrigavam mais de duas dezenas de pessoas", como observa Studnicki-Gizbert para o início do período moderno, permaneceram comuns em Portugal e no Brasil mesmo no século XIX, quando o individualismo dominava o mundo ocidental.[12] Nesse contexto, é importante reconhecer que o significado social das casas vai muito além da função de abrigar.

O papel simbólico desses locais está intimamente relacionado com o sucesso que alguns portugueses alcançaram no exterior. Conhecidos como "brasileiros de torna-viagem", aqueles indivíduos que prosperaram no Brasil e retornaram a seu país de origem deixaram uma marca indelével na paisagem do norte de Portugal. Sua prosperidade ficou evidente "nas casas e palácios, nas praças, ruas e caminhos, nas igrejas e capelas, nos hospitais e lares de idosos, nas fábricas e no comércio a retalho, nos cemitérios, na iluminação pública, em calçadas e jardins, nas balanças, na decoração pitoresca de certas residências, na força de algumas irmandades e no brilho das suas festas anuais".[13]

---

11 Studnicki-Gizbert, Daviken. **A Nation upon the Ocean Sea:** Portugal's Atlantic Diaspora and the Crisis of the Spanish Empire, 1492-1640. Nova York: Oxford University Press, 2007, p. 70.

12 Studnicki-Gizbert, p. 68.

13 Santos, Eugénio dos. "Os brasileiros de torna-viagem no noroeste de Portugal." Comissão Nacional para as Comemorações dos Descobrimentos Portugueses, 2000, p. 17.

Portanto, Adão Gonçalves de Carvalho não foi exceção. A mesma aldeia de Paredes, onde se situa a Quinta da Mulra, é berço de outros "brasileiros de torna-viagem". É o caso de Adriano Moreira de Castro, nascido em 1858, que foi para a cidade de Belém, no Norte do Brasil, aos 14 anos. Lá, trabalhou como aprendiz no comércio por alguns anos até abrir o próprio negócio.

Em 1901, Adriano regressou a Portugal e "começou por adquirir um grande número de terrenos, tendo utilizado um deles para a construção de 'uma bela e palaciana villa'", a que deu o nome de *Castrália* em homenagem à sua família.[14] De volta à terra natal, sua casa foi uma das formas que Adriano encontrou para expressar suas conquistas. Da decoração interior com pinturas murais aos jardins envolventes, a casa de Adriano era uma lembrança festiva do país que o enriquecera. Embora seja uma casa particular, a *Castrália* tornou-se um marco em Paredes – um local de convívio onde intelectuais, artistas e políticos prestavam homenagem ao proprietário.[15]

Apesar da visibilidade que essas casas possam ter como símbolos de prosperidade, não devemos esquecer o seu significado emocional. Ao longo dos anos, a família incorporou novos terrenos à *Quinta da Mulra*. Em seu redor, foram construídas outras casas capazes de acolher os novos agregados familiares formados à medida que os filhos de Adão e Engrácia cresciam e constituíam as próprias famílias.

Tal proximidade geográfica permitiu que seus netos compartilhassem experiências comuns daquele lugar. Até os netos nascidos no Brasil tiveram a oportunidade de visitar o complexo de casas de Paredes graças aos avanços

---

14 Alda Neto. "Os brasileiros de Paredes: dois percursos de beneficência e esquecimento." *In*: Fernando de Sousa, Ismênia de Lima Martins, Izilda Matos. Nas duas margens: os portugueses no Brasil, 2009, p. 505.

15 Alda Neto. "Os brasileiros de Paredes: dois percursos de beneficência e esquecimento." *In*: Fernando de Sousa, Ismênia de Lima Martins, Izilda Matos. Nas duas margens: os portugueses no Brasil, 2009, p. 508.

nas tecnologias de transporte. As cartas trocadas por dois primos nos dão uma ideia do tipo de carinho que unia os membros da família e suas casas.

Um dos netos brasileiros de Adão, Luiz Severino, viajou para Paris acompanhado de seu primo português, Nazareth, da *Casa de Cêpeda*. Após seu retorno ao Brasil, Luiz Severino escreveu uma carta a Nazareth expressando seus profundos sentimentos pela casa do primo, vizinha da *Quinta da Mulra*. É interessante notar que os indivíduos foram identificados pela casa a que pertenciam, indicando a centralidade do lugar para a sua identidade coletiva.

> *"Ainda conservo como mui bem vivida a lembrança não dos tumultuosos dias de Paris e alhures, mas dos poucos, ah, tão poucos, dias em que passei nesse abençoado canto do mundo, nessa Cêpeda tão simples e tão suavemente bela. Todos os que aí deixei, longe dos olhos, vivem no meu coração."*[16]

O trecho acima demonstra os laços afetivos que ligavam o jovem brasileiro àquele local e à sua extensa família em Portugal. Com a expressão carregada de emoção "ah, tão poucos", Luiz lamentou não ter ficado mais tempo no "canto abençoado do mundo", onde ficava a Casa de Cêpeda. Assim, classificou o lugar "tão simples e tão suavemente belo" em uma pequena aldeia de Portugal acima da "tumultuosa" Paris. É em Cêpeda, e não na grande cidade francesa, que todos, mesmo quando "longe dos olhos, vivem no meu [seu] coração". Ao encerrar a carta, Luiz Severino reafirmou seu sentimento de pertencimento à família.

---

16 Transcrito pela autora da fotografia da carta de Luiz para Nazareth, em Ribeiro, p. 79.

"E agora, meu bom Nazareth, o meu coração voa até esse lar feliz e abençoado de Deus onde encontrei o exemplo de uma família portuguesa da antiga raça e christã de igual tempera [?]".[17]

A frase "o exemplo de uma família portuguesa da antiga raça..." aparece justamente onde a folha de papel é dobrada. Portanto, não posso garantir que a sequência de palavras seja de fato "raça e christã de igual tempera", mesmo que assim muito me pareça. No entanto, parece plausível que, ao elogiar o "lar feliz e abençoado" do primo, o homem se referisse à longa linhagem da nação portuguesa. Luiz Severino não usou a palavra, mas sua carta é uma genuína expressão de saudade do povo e do lugar.

Em suma, as casas familiares eram locais dotados de *significado social* (vida comunitária), *significado simbólico* (prosperidade) e *significado emocional* (saudade). A ideia de um lugar onde todos esses significados possam se materializar como "lugar de memória" para os portugueses que vivem no estrangeiro é ilustrada no fenômeno das "casas regionais" portuguesas no Rio de Janeiro.[18]

Esses estabelecimentos culturais tornaram-se o principal tipo de associação portuguesa no Brasil do século XX. Uma *Casa Portuguesa* é um "lugar onde as práticas culturais da terra natal são revividas na forma idealizada de um Portugal camponês. Destacamos que essas práticas culturais são carregadas de importantes representações de ordem geográfica no processo de

17 Transcrito pela autora da fotografia da carta de Luiz para Nazareth, em Ribeiro, p. 79.

18 A expressão "lugares de memória" refere-se ao conceito de "lieux de mémoire" desenvolvido por Pierre Nora, *In*: Nora, Pierre. "Between Memory and History: Les Lieux De Mémoire." **Representations** (Berkeley, Calif.) n. 26 (1989): 7-24. É assim que Lená Medeiros de Menezes entende os estabelecimentos culturais conhecidos no Rio de Janeiro como "Casas Portuguesas". Menezes, Lená Medeiros de. "Imigração portuguesa: lembranças de terras distantes. Tijuca e São Cristóvão como estudo de caso." **Revista do Arquivo Geral da Cidade do Rio de Janeiro**, n. 6 – 2012 – issn 1983-6031, publicação annual, p. 87.

construções identitárias".[19] No entanto, as identidades regionais estão tecidas em uma ampla identidade nacional.

Assim, em alguns locais, a significativa presença portuguesa reflete-se no número de casas regionais. Em 2004, existiam 57 associações de origem portuguesa no estado do Rio de Janeiro.[20] No bairro da Tijuca, por exemplo, onde Antônio Gonçalves de Carvalho construiu a Chácara para sua família, existem sete "casas regionais" portuguesas, criadas principalmente na década de 1950 como "lugares de memória".[21]

Esses lugares foram fundados em uma idealização da pátria que "consiste em um processo de reconstituição da memória social em que a saudade da terra natal é um norteador que age no sentido de selecionar os fatos ocorridos e re(a)presentá-los, a partir de cerimônias ou festas, de forma positiva, como valores culturais dos portugueses".[22] Portanto, segundo de Souza, a emoção da saudade atua nos processos de memória e construção de identidade, dos quais o "lugar" é seu aspecto materializado.

- *Cuidado em gestos e palavras*

Na perspectiva das culturas ocidentais do nosso tempo, pode parecer cruel enviar uma criança de apenas 11 anos para trabalhar em outro país. Muita gente hoje pode achar que Adão abandonou Antônio no Brasil. Contudo,

---

19 de Sousa, Roberto Ribeiro. "Imigração portuguesa, identidade e representação geográfica: o lugar da casa regional no movimento associativo luso-brasileiro." **Espaço e Cultura**, 22 (2007): 54-66, p. 55.

20 de Sousa, Roberto Ribeiro. "Imigração portuguesa, identidade e representação geográfica: o lugar da casa regional no movimento associativo luso-brasileiro." **Espaço e Cultura**, 22 (2007): 54-66, p. 57.

21 Menezes, L. M D "Imigração Portuguesa: lembranças de terras distantes. Tijuca e São Cristóvão como estudo de caso." **Revista do Arquivo Geral da Cidade do Rio de Janeiro**, 6 (2012): 79-95, p. 87.

22 de Sousa, Roberto Ribeiro. "Imigração portuguesa, identidade e representação geográfica: o lugar da casa regional no movimento associativo luso-brasileiro." **Espaço e Cultura**, 22 (2007): 54-66, p. 64.

em Portugal do século XIX, essa prática poderia ser entendida como uma forma de cuidado.

Tal como as famílias de hoje que enviam os filhos adolescentes para estudar no exterior, os pais portugueses queriam dar aos seus as melhores oportunidades na vida. Durante séculos, as crianças trabalharam em casa, nos campos ou em oficinas por toda a Europa. O trabalho infantil não fazia apenas parte da estratégia de sobrevivência das famílias. Foi também "fator de formação e ocupação profissional, condição indispensável para o desenvolvimento físico e moral. A criança era compreendida como uma criatura amoldável, devendo ser submetida a um conjunto de normas de comportamento e hierarquias; identificadas como uma forma de educação, essas práticas contavam com o respaldo de pais, irmãos e parentes".[23]

Vale lembrar que certos hábitos herdados das corporações de ofício permaneceram presentes até ao menos os meados do século XIX. Nesse contexto, o trabalho infantil era entendido como aprendizagem e educação. Portanto, arranjar para um filho trabalhar em um local onde pudesse aprender competências profissionais e assim ter uma vida melhor era uma espécie de "prática de cuidado".

No entanto, não devemos esperar que as crianças trabalhadoras tenham tido experiências agradáveis e gratificantes. Maria Izilda Matos e Sênia Bastos chamam a atenção para os casos de maus-tratos que encontraram em jornais e processos criminais. Citam o exemplo de "Alfredo Júlio Machado, português de 11 anos de idade que foi se queixar ao delegado de polícia por ter sido espancado pelo seu 'amo' José Rodrigues Tavares, também português".[24] Em geral, os jovens aprendizes residiam na loja onde trabalhavam ou

---

23 Matos, Maria Izilda Santos de e Bastos, Sênia. Portugueses em São Paulo: registros e ingressos (1912), Hospedaria do Imigrante. *In*: de Sousa, Fernando, Ismênia de Lima Martins e Izilda Matos (Coord.). **Nas duas margens:** os portugueses no Brasil. Porto: Edições Afrontamento, 2009, p. 281.

24 Matos, Maria Izilda Santos de e Bastos, Sênia, p. 282.

nas residências dos proprietários. Segundo a análise das historiadoras, em muitos casos, as crianças trabalhavam para familiares, "arcando com os afazeres muitas vezes sem nada receber, outras vezes parcamente remunerados ou submetendo-se a pagamentos incertos".[25]

A situação do Antônio de nossa história não parece ter sido tão ruim quanto a de Alfredo. No entanto, embora Antônio possa ter interpretado a atitude dos pais como uma expressão de cuidado e preocupação, isso não o impediu de sofrer de solidão. Como mencionado anteriormente, ele dissera uma vez que o fardo mais pesado no início da adolescência era sentir-se solitário.

A experiência de solidão pode estar associada à percepção de falta de cuidado quando mais se precisa. Isso ocorre especialmente no caso dos adultos, os quais estão mais bem equipados do que crianças e adolescentes para avaliarem riscos. Defendo que um sentimento de desamparo e, portanto, de solidão pode ajudar a explicar por que tantos homens casados não conseguiram regressar à própria família em Portugal.

Está bem estabelecido que os portugueses do século XIX raramente viajavam com a família, uma vez que o objetivo de ir ao Brasil era trabalhar e ganhar dinheiro para regressar à sua terra natal.[26] Embora compartilhassem uma biografia muito semelhante ao deixarem a terrinha, suas experiências e trajetórias no Brasil definiriam quem seria capaz de retornar como alguém bem-sucedido. Esses seriam chamados de "brasileiros" em Portugal, como marca da origem de suas fortunas ao voltarem ao país natal.

Adília Fernandes e Odete Paiva indicam os traços distintivos desses "brasileiros de torna-viagem": "partiam para o Brasil na adolescência; contavam com redes de parentesco e de vicinidade na sua ida e início de vida na nova

25 Matos, Maria Izilda Santos de e Bastos, Sênia, p. 282.

26 Ver, por exemplo, Florentino e Machado, 2002; Sarmento, 2008; e Neto, 2009.

terra; conheciam, graças ao sucesso econômico, a ascensão social; deixavam marcas na terra de acolhimento e em Portugal".[27] No entanto, muitos dos homens que estavam juntos na partida para o Brasil nos portos europeus nunca alcançariam sucesso econômico e ascensão social. Assim, eles nunca mais regressariam a Portugal.

O leitor pode pensar que confundi solidão com "vergonha". Na verdade, os historiadores notaram duas tendências opostas nas cartas dos imigrantes portugueses malsucedidos. "Por um lado, muitos mentiam sobre as reais condições em que se encontravam. Por outro, rompiam os laços com familiares e amigos".[28] Concordo que o distanciamento progressivo possa ser inicialmente motivado por um sentimento de vergonha por não terem conseguido o que se esperava deles. Contudo, em meu entender, a vergonha não é suficiente para explicar um padrão tão difundido entre os imigrantes portugueses que fracassaram.

Tenho dificuldade em aceitar que qualquer pessoa possa literalmente morrer de vergonha. Acredito, ao contrário, que, em situações-limite, quando ameaçados de perder a luta pela sobrevivência, esses homens recorreriam ao seu país de origem em busca de apoio familiar. A menos, porém, que encontrassem ajuda no Brasil.

A minha hipótese é que, em princípio, cada imigrante individual sentia-se um pouco envergonhado até que seu trabalho começasse a dar resultados. Esse período de adaptação pode ter durado mais ou menos, dependendo de muitos fatores, incluindo a sorte e a qualidade das suas redes de apoio. Aqueles que receberam ajuda dos pais, parentes e amigos, ou que se torna-

---

27 Adília Fernandes e Odete Paiva. "Emigração dos minhotos para o Brasil (1850-1910) Os bem-sucedidos e os outros." *In*: de Sousa, Fernando, Ismênia de Lima Martins e Izilda Matos (Coord.). **Nas duas margens:** os portugueses no Brasil. Porto: Edições Afrontamento, 2009, p. 415.

28 Menezes, L. M. D. "Imigração Portuguesa: lembranças de terras distantes. Tijuca e São Cristóvão como estudo de caso." **Revista do Arquivo Geral da Cidade do Rio de Janeiro**, 6 (2012): 79-95, p. 93.

ram membros de associações de ajuda mútua, tiveram maiores chances de sucesso. Portanto, eles não teriam mais motivos para sentir vergonha.

Do outro lado do espectro, havia aqueles cujas redes de apoio não eram tão eficazes. Embora existissem dezenas de sociedades de caridade e irmandades portuguesas no Brasil, especialmente no Rio de Janeiro, elas não parecem ter acompanhado as crescentes ondas de migrantes que chegavam todos os anos.[29] Cerca de 1 milhão de portugueses chegaram ao Brasil entre 1850 e 1900.[30] Assim, eles viviam em diferentes partes do Brasil como "pobres e mendigos, sepultados por ação dessas obras de caridade, a expensas dessas irmandades ou de outras instituições de solidariedade".[31] No caso desses mais vulneráveis, a vergonha pode ter sido posta de lado por extrema necessidade material.

A maioria dos imigrantes portugueses, porém, encontrou outras soluções intermediárias para lidar com o desamparo e a solidão. Como observam Maruška Svašek e Zlatko Skrbiš sobre migrantes globais, "os indivíduos móveis estão ligados à família e aos amigos 'no país de origem', mas também desenvolvem ligações com o novo ambiente, aprendem a expressar sentimentos de novas maneiras e têm esperanças e expectativas específicas sobre o que o futuro pode trazer".[32]

Não era raro que os homens portugueses nessa situação intermediária se apegassem às mulheres brasileiras, mudando suas esperanças, expectativas e sentimentos. Talvez sublimassem a vergonha quando encontravam ajuda na

29 Arroteia, Jorge Carvalho. "Emigrantes e irmandades de origem portuguesa no Brasil: as Santas Casas de Misericórdia." Fernando de Sousa, Ismênia de Lima Martins e Izilda Matos. **Nas duas margens:** os portugueses no Brasil, 2009, p. 46.

30 Klein, Herbert S. "A integração social e econômica dos imigrantes portugueses no Brasil nos finais do século XIX e no século XX." **Análise Social**, 28, n. 121 (1993): 235-265.

31 Arroteia, Jorge Carvalho. "Emigrantes e irmandades de origem portuguesa no Brasil: as santas casas de misericórdia." Fernando de Sousa, Ismênia de Lima Martins, Izilda Matos. **Nas duas margens:** os portugueses no Brasil, 2009, p. 48.

32 Svašek, Maruška and Zlatko Skrbiš. "Passions and Powers: Emotions and Globalisation." **Identities** (Yverdon, Suiça) 14, n. 4 (2007): 367-383, p. 373.

nova terra. Assim eles não se sentiriam sozinhos novamente. Mas, à medida que a memória de sua vida em Portugal se dissipasse, também não mais sentiriam saudades.

Quando Engrácia "falsificou o documento de autorização" e viajou para o Brasil à procura de Adão, talvez tivesse conhecimento dos muitos casos de homens que deixaram a família em Portugal e nunca mais regressaram. Esse foi o caso de Francisco Pereira da Silva, um lavrador casado, de 34 anos, que deixou a mulher em Portugal e foi para o Brasil. Cristina Donza Cancela conheceu sua história ao examinar os arquivos de segurança pública da cidade de Belém.

Francisco foi interrogado na delegacia em 1873, em razão de uma briga por causa de um serrote. Declarou que a sua família "existe na Ilha de Faial, achando-se sua mulher senhorinha Isabel da Silva e que também tem na companhia desta dois filhos".[33] O resto da sua declaração oferece um ponto de vista muito pessoal sobre um caso que pode ser considerado exemplar.

Questionado sobre o motivo de ter abandonado a família, Francisco respondeu "que não abandonara sua família, e sim aventurou-se, deixando sua mulher e filhos em companhia de seus parentes, e que veio para o Brasil procurar algum meio de vida e que logo que pudesse voltaria para o seio de sua família". Em seguida, ele expressou seu orgulho afirmando que "preferiria passar por necessidade do que representar algum papel diante dos seus [familiares e amigos]".[34]

Porém, depois de oito anos morando em Belém, Francisco ainda não ganhava dinheiro suficiente para voltar. Ao ser questionado se tinha família no

33 Cristina Donza Cancela. "Imigração portuguesa, casamento e riqueza em Belém (1870-1920)". *In*: Fernando de Sousa, Ismênia de Lima Martins e Izilda Matos. **Nas duas margens:** os portugueses no Brasil, 2009, p. 154.

34 Cristina Donza Cancela. "Imigração portuguesa, casamento e riqueza em Belém (1870-1920)". *In:* Fernando de Sousa, Ismênia de Lima Martins e Izilda Matos. **Nas duas margens:** os portugueses no Brasil, 2009, p. 154-155.

Brasil, explicou que, "por necessidade, para ter algum trato delle respondente em suas enfermidades, ou mesmo quem defenda seus interesses em sua ausência, encostou-se a uma mulher que vive ainda em poder de seu pai de nome, Anna Pereira Gemaque, com quem elle respondente mora".[35]

O caso de Francisco mostra que o que está por trás da prática da bigamia transoceânica não é necessariamente o amor ou o sexo, como o leitor moderno pode assumir. A necessidade de ter alguém que *cuide* dele no Brasil fica bem evidente na declaração de Francisco, apesar da sua intenção inicial de voltar para a família em Portugal. À medida que os homens solitários (embora alguns fossem casados, a maioria era solteira) passavam mais tempo no Brasil e socializavam com a população local, seus laços com a pátria tornavam-se mais frágeis.

Baldassar aponta descobertas semelhantes no seu estudo sobre indivíduos italianos que migraram para a Austrália em meados do século XX. Eles também foram movidos pela intenção de "ganhar dinheiro suficiente para permitir uma repatriação bem-sucedida".[36] Mais importante ainda, ela nota que aqueles que nunca regressaram à Itália (cerca de 60 por cento deles) deixaram de "remeter dinheiro" – um sinal de ligação com a pátria – à medida que "se concentravam em estabelecer-se na Austrália".[37]

Assim, analisando as práticas afetivas desses migrantes, chego à conclusão de que são duas as principais variáveis que contribuíram para que eles se acomodassem no novo país e desistissem do plano de regresso à terra natal:

35 Cristina Donza Cancela. "Imigração portuguesa, casamento e riqueza em Belém (1870-1920)". In: Fernando de Sousa, Ismênia de Lima Martins e Izilda Matos. Nas duas margens: os portugueses no Brasil, 2009, p. 155.

36 Baldassar, Loretta. "Transnational Families and the Provision of Moral and Emotional Support: The Relationship between Truth and Distance." **Identities**, (Yverdon, Suiça) 14, n. 4 (2007): 385-409, p. 389.

37 Baldassar, p. 389.

o tempo e a presença de "cuidadores" locais – fossem eles instituições ou indivíduos, para apoio material ou emocional.

Minha teoria pode ser testada nos casos de Adão e Antônio Gonçalves de Carvalho. Enquanto o pai abriu um negócio no Brasil, porém nunca se estabeleceu por lá, o filho nunca fixou residência em Portugal. Embora as viagens transoceânicas fossem uma prática comum tanto para Adão quanto para Antônio, o momento e as circunstâncias podem indicar por que apenas um deles se tornou um "brasileiro de torna-viagem".

Quando Adão viajou pela primeira vez ao Brasil, ele já era adulto e possivelmente noivo. Portanto, possuía um grande repertório de memórias emocionais de sua terra natal, as quais poderiam servir para reforçar seus laços familiares e seu senso de obrigação moral. Em sua primeira chegada ao Brasil, conseguiu um emprego, onde desenvolveu as habilidades para ter sucesso no lucrativo ofício de calçados.

Além disso, Adão contou com o apoio moral e financeiro da família Breissan, que não era portuguesa, mas sim francesa. Esse fato lembra-me a conclusão de Studnicki-Gizbert de que a nacionalidade comum não era garantia de familiaridade e confiança pessoal.[38] Adão, ao que tudo indica, também recebeu a atenção carinhosa de uma amante brasileira.

Esses aparentes detalhes sugerem que o cuidado cria e reforça vínculos emocionais, não importa de onde venha. Apesar da memória viva da sua vida em Portugal, e da possibilidade de sentir saudade, os cuidados que Adão encontrou fora da comunidade portuguesa podem ter imposto riscos ao seu regresso.

38 "But what did this national identity really mean for merchants contemplating the creation of a new commercial partnership? Questions of personal familiarity and trust would have loomed foremost in their minds, because these were indispensable qualities in the exercise of long-distance trade. Common nationality was no guarantee of either;" Studnicki-Gizbert, p. 73.

No entanto, o seu sucesso econômico relativamente rápido permitiu-lhe regressar muito em breve a Portugal. Assim, teve um efeito de contrapeso ao proporcionar oportunidade de proximidade física com a esposa e parentes. Em dois anos, ele já estava de volta à sua aldeia para conceber o primeiro filho.

Ainda assim, Adão não pode ser considerado um típico "brasileiro de torna-viagem". Ele não voltou de uma vez por todas. Após a primeira vez que voltou a Portugal, ele manteve em média uma viagem de regresso a cada dois anos, indo e voltando entre Portugal e o Brasil cerca de dez vezes em vinte anos.

Esse era um padrão de viagens comum a empresários, como o Barão de Alto Marim, um banqueiro português que "apresentou dois pedidos de passaporte em um espaço muito reduzido de tempo. O primeiro está datado de 18 de outubro de 1890 e o segundo foi assinado no dia 16 de junho de 1891". Como salienta João Ramalho Cosme, "esse exemplo comprova a existência de uma dinâmica de mobilidade entre Portugal e o Brasil, que tem subjacente uma lógica negocial, que não pode ser enquadrada como movimento migratório".[39]

Ao contrário do estereótipo do imigrante bem-sucedido que regressa depois de longos anos ao seu país de origem, Adão era uma espécie de empresário cosmopolita que aproveitou todas as oportunidades, onde quer que estivessem, até adoecer e morrer. Esse aspecto de sua personalidade também poderia impor riscos à coerência social e familiar, não fosse a atitude da esposa portuguesa Engrácia de zelar pelo relacionamento conjugal.

Antônio, porém, foi um caso diferente. Primeiro, ele deixou o país mais jovem que o pai Adão. Portanto, tinha um repertório menor de lembranças

---

39 João Ramalho Cosme. "Subsídios para a história da emigração dos concelhos a norte do rio Douro para o Brasil..." *In*: Fernando de Sousa, Ismênia de Lima Martins e Izilda Matos. **Nas duas margens:** os portugueses no Brasil, 2009, p. 404.

de Portugal. Consequentemente, tinha menos memórias emocionais para alimentar seu sentimento de saudade. Além disso, por ser criança, talvez não sentisse tão intensamente a obrigação de retornar. No entanto, ele nunca falhou em seu compromisso moral de cuidar da mãe e dos irmãos.

O segundo fator é que ele se casou com alguém que conheceu no Brasil. Portanto, muito jovem, teve a oportunidade de construir uma vida familiar como a que foi impedido de viver em Portugal. Isso reduziu suas chances de sentir saudade do país onde nasceu. Em suas cartas escritas durante viagens ao exterior, ele demonstrou que sentia essa emoção, mas que ela era dirigida principalmente para as pessoas que deixou no Brasil e para o próprio país.

Em 1911, por exemplo, viajou pela Europa durante três meses e manteve correspondência com o filho mais velho, chamado Adão em homenagem ao avô. Em carta enviada de Paris ao Rio de Janeiro, Antônio lhe contou sobre os planos de viagem, que incluíam visitar a "Exposição Internacional da Indústria e do Trabalho" – feira mundial realizada em Torino, na Itália. Ele encerra a carta com os cumprimentos e uma declaração de saudade a todos os familiares e amigos. Após visitar a feira mundial, Antônio escreveu um cartão postal no qual expressava certo sentimento de orgulho pelo Brasil: "Visitei a exposição que é bela e está em um lugar muito pitoresco. O pavilhão brasileiro é lindo. É o melhor da América do Sul".[40]

Antônio nasceu em 1859, em Portugal, e faleceu em 1943, no Brasil, a "terra adorada pelos seus filhos", como desejava. O oitavo de seus doze filhos, nascido em 1895, chamava-se Luiz Gonçalves de Carvalho. Como irmão marista, era conhecido como Luiz Severino. O jovem católico morreu aos 28 anos, mas deixou dezenas de cartas. Ribeiro reproduziu algumas delas em seu próprio livro. Não temos acesso às cartas enviadas por Antônio,

40 Transcrita pela autora a partir da fotografia do cartão postal na página 132 do livro de Adão Carvalho Ribeiro.

mas as respostas de Luiz revelam o tipo de práticas afetivas que uniam pai e filho.

Uma dessas práticas é o envio de presentes para a irmandade religiosa a que Luiz pertencia. Em uma carta, agradece pela "... riquíssima e mimosa estátua, imagem da Virgem Imaculada", dizendo "simplesmente, porém sinceramente, um 'muito obrigado' como um filho deve dizer a um pai extremoso".[41] Uma leitura atenta dessas cartas sugere que, mais do que presentes, Antônio enviou a Luiz a mensagem de que iria ao extremo pelo filho. Isso fica evidente na descrição de muitos presentes e também na escolha da palavra "extremoso" feita por Luiz para se referir ao pai, significando alguém capaz de atos extremos por amor.

O aumento do nível educacional no período de apenas uma geração pode ajudar a explicar a transformação nas formas como pais e filhos expressavam cuidado e preocupação uns com os outros. Os relatos fragmentários que nos chegam sobre a relação entre Adão e Antônio sugerem distanciamento e disciplina. Observe a reação de Adão quando Antônio perdeu o emprego. A correspondência trocada entre Antônio e os filhos, ao contrário, revela proximidade e carinho.

Quanto à relação emocional com os lugares, as palavras que Antônio escolheu para se referir a Portugal e ao Brasil também são bastante reveladoras. Enquanto o país dos seus pais é "idolatrado", implicando distância e fantasia, o país dos seus filhos é "adorado", sugerindo proximidade e realidade íntima.

Assim, Antônio parece ser um caso intermediário. Ele pode ser visto como um "híbrido" entre os portugueses que, após o sucesso, retornaram definitivamente a Portugal e aqueles que se estabeleceram definitivamente no Brasil por não terem conseguido realizar o sonho de enriquecer.

---

41 Transcrita pela autora da fotografia do cartão postal na página 135 do livro de Adão Carvalho Ribeiro.

Cada português que chega ao Brasil tem uma história única. Cada trajetória em particular é uma combinação de personalidade e experiência de vida individual com o contexto social e econômico de cada época. Mas, apesar das infinitas possibilidades de percurso e da enorme variedade de destinos, é possível identificar certos padrões nas biografias desses homens. Como mostrei aqui, tais padrões estão relacionados com quanto cada indivíduo cultiva o sentimento da saudade.

Em razão do caráter intrinsecamente relacional da saudade, para que tal sentimento seja acionado e sustentado, os membros da coletividade precisam compartilhar um repertório de memórias e a esperança de que experiências agradáveis voltarão a ocorrer no futuro. Para que a saudade permaneça viva, as pessoas precisam cultivá-la. Assim, quanto os portugueses cultivaram a saudade no exterior pode indicar a probabilidade de se tornarem "brasileiros de torna-viagem". Ao contrário, quando encontravam soluções locais para lidar com o desamparo e a solidão, eles gradualmente afrouxavam os laços com Portugal.

Como resultado, de um lado, estão aqueles cujas práticas afetivas relacionadas à manutenção da memória dos locais de origem e ao cuidado com os que lá ficaram os transformam em potenciais "brasileiros de torna-viagem". De outro, estão os que, por encontrar acolhida entre os habitantes do país de destino, logo deixam de sentir saudades da terra natal. Esses provavelmente perdem não só seu sotaque, mas também suas lembranças, a ponto de se tornarem simplesmente brasileiros. Entre esses extremos, há um espectro em que as infinitas possibilidades de identidade se distribuem em um *continuum*. O grau em que um indivíduo se sente português depende dos vínculos emocionais que lhe foi possível formar.

Movidos pela liberdade, unidos pelo cuidado

Quando coloquei a questão geral – *"O que mantém as pessoas unidas como uma comunidade?"* –, minha intenção era obter respostas mais profundas do que as teorias populares geralmente supõem. Isto é, que as pessoas se unem por causa de circunstâncias que as fazem diferentes dos outros, formando, assim, uma identidade de grupo coesa e fechada contra quem é de fora. Estou mais interessada, contudo, em entender o que une as pessoas *apesar* das diferenças. Meu foco está em identidades coletivas *porosas*, porém coerentes – aquelas cuja permanência depende de trocas e adaptação.

Embora as emoções sejam geralmente vistas como nada mais do que uma categoria de prática, como apenas parte da realidade vivida, defendo que as emoções também podem ser usadas como uma categoria de *análise*. Acredito que elas podem ser mais frutíferas para a pesquisa, inclusive, por serem menos politicamente carregadas do que são hoje raça e religião, por exemplo. Além disso, a abordagem baseada nas emoções e nas práticas afetivas pode responder a questões que fogem ao alcance das categorias mestras. A pesquisa aqui apresentada é um exemplo disso.

A *porosidade* é uma das razões pelas quais escolhi estudar uma família portuguesa. A coerência social da "Nação Portuguesa" do início da modernidade chamou a atenção de estudiosos que notaram que a sua identidade coletiva sobreviveu à distância e apesar da sua fluidez e heterogeneidade. Eles também apontaram os tipos de práticas que tornaram esses indivíduos emocionalmente significativos uns para os outros. Perguntei-me, então, se seria possível observar o mesmo fenômeno séculos mais tarde.

Confesso que não fiquei surpresa quando descobri que sim. Como falante da língua portuguesa, sei intuitivamente a força de *saudade*, uma emoção que, por ser tão difundida nas culturas luso-sincréticas, merece um substantivo específico. Embora qualquer ser humano tenha a capacidade de *sentir* essa emoção, quem a coloca em *prática* em suas atitudes parece moldar sua vida de formas peculiares. Os "brasileiros de torna-viagem" são um exemplo disso.

O meu principal pressuposto era que as categorias de análise habituais não seriam capazes de explicar os destinos diferenciais dos meninos e rapazes portugueses que chegaram ao Brasil após a Independência. Por que alguns deles tiveram sucesso enquanto outros encheram os cortiços e presídios do Rio? Que tipo de força os distinguiu? Afinal, quando deixaram Portugal, tinham muitas características em comum: mesma nacionalidade, mesma raça, mesma religião, mesmo gênero, mesma idade, mesma classe social. Minha pesquisa mostra que a força distintiva que escolhe quem fracassa e quem tem sucesso são, em última análise, suas práticas afetivas. A narrativa micro-histórica sobre os membros da família Carvalho forneceu os elementos para mostrar como isso acontece.

Os documentos da família Carvalho oferecem a possibilidade de uma visão alternativa da questão do sentimento de pertencimento. Ao deixarmos de lado categorias gerais, como raça, etnia, religião, classe e gênero, podemos melhor apreciar o que as experiências cotidianas revelam ser central para a identidade coletiva e a coerência comunitária: as práticas afetivas que se mantêm.

Neste livro, repito, defendo que o sentimento de pertencimento a uma coletividade é uma questão de prática afetiva, e não de um destino pré-determinado por circunstâncias externas ao indivíduo. Portanto, essa é uma questão que vale ser estudada sob uma perspectiva histórica. Nesse sentido, não se nasce português, mas *se faz* português pela prática continuada de sentir-se como tal.

Acredito que a ideia de uma emoção funcionar como fundamento para a identidade coletiva também seja válida para outras nações e até mesmo para outros tipos de coletividade. O que torna Portugal um caso emblemático é que uma emoção foi tão importante para o vínculo coletivo que os portugueses chegaram a cunhar uma palavra exclusivamente para designá-la. Chamaram-lhe "saudade" – o sentimento que surge de uma mistura de lembrança da pátria e esperança no futuro. Como já discutido, essa palavra considerada intraduzível tornou-se símbolo da identidade portuguesa.[1]

Contudo, não só a saudade caracteriza a identidade emocional portuguesa. Pelo menos no início dos tempos modernos, o orgulho também era uma emoção que movia os portugueses. Acredito que juntar as duas emoções – saudade e orgulho – é uma intuição importante para futuros estudos sobre migrantes portugueses.

Ainda assim, gostaria de realçar a relação entre o sentimento da saudade e as práticas de cuidado. Nos anos de 1980, a chamada *ética do cuidado* ganhou proeminência como uma teoria moral.[2] Naquele momento, avançavam as pautas femininas que buscavam uma ética fundada nas relações interpessoais, diferente da *ética do direito* que tem como base o indivíduo. Nesse sentido, "cuidado" é tanto uma prática quanto um conjunto de valores.[3]

O exemplo da família Carvalho, contudo, mostra que a ideia de uma *ética do cuidado* pode ir além das questões feministas ou de gênero. Afinal, as práticas de cuidado apresentadas aqui se referem particularmente a relações que envolvem personagens masculinos. A própria Carol Gilligan, que introduziu o debate em 1982, reconheceu que o cuidado também pode fazer parte da experiência dos homens.[4]

---

1 Neto, Félix e Etienne Mullet. "A Prototype Analysis of the Portuguese Concept of Saudade." **Journal of Cross-Cultural Psychology**, 45, n. 4 (2014): 660-670.

2 Larrabee, Mary Jeanne (Ed.). **An Ethic of Care**: Feminist and Interdisciplinary Perspectives. Routledge: 1993. Disponível em: https://doi.org/10.4324/9780203760192. Acesso em: 10 dez. 2022.

3 Held, Virginia. **The Ethics of Care:** personal, political, and global. Nova York: Oxford University Press, 2006. Disponível em: https://www.google.com/books/edition/The_Ethics_of_Care/zd-0CboPGFNUC?hl=en&gbpv=1&dq=ethics%20of%20care%20theory&pg=PA4&printsec=frontcover. Acesso em: 10 dez. 2022.

4 Gilligan, Carol. **Uma voz diferente:** teoria psicológica e o desenvolvimento feminino. Editora Vozes, 2021. (1 Edição em inglês, 1982).

Como dito anteriormente, foi minha escolha metodológica deixar de lado as categorias de análise usuais e assumir a perspectiva das emoções. Assim, em vez do gênero ou da raça, identifiquei e descrevi cada membro da família e do seu círculo de convivência a partir de *modos de relacionamento.* Portanto, Engrácia é esposa, mãe, empresária – e não simplesmente mulher. Antônio é filho, empregado, industrial, pai, marido – e não simplesmente branco. No caso de Breissan – que é amigo e fornecedor –, ressaltei que era francês justamente para mostrar a ética do cuidado manifestando-se além dos limites da categoria "nacionalidade".

Para concluir, observo que as práticas afetivas dos portugueses sugerem a existência de certa tensão entre esses dois conjuntos de valores. Enquanto a *ética da liberdade*, dominante na modernidade, implica valores que promovem as buscas e as descobertas, a *ética do cuidado* traz em si valores que promovem o acolhimento e o recolhimento. Os portugueses, durante séculos, parecem ter encontrado um sutil equilíbrio entre uma ética que dispersa e uma ética que une. Essa dinâmica entre ambas é análoga ao próprio sentido da palavra saudade. Afinal, esta é uma emoção de carinho e preocupação, mas que só pode ser sentida quando se está distante. Talvez esteja nisso o segredo para terem se espalhado descobrindo novos mundos sem que perdessem sua identidade como nação.

Epílogo: Um português... em primeira pessoa

Por Camilo Augusto Sequeira

Era manhã de domingo ensolarado. A maioria dos habitantes da aldeia encravada na província de Beira Alta, Portugal, onde viviam cerca de cem famílias, preparava-se para o encontro matinal no Largo da Fonte. As velhas casas de pedra, cobertas por telhas fabricadas nos tradicionais fornos a lenha, cercavam esse pequeno terreiro de terra batida. Os acabamentos interiores e móveis rústicos das moradias consistiam em madeira extraída dos pinheirais das redondezas. Carpinteiros, marceneiros, ferreiros e pedreiros se encarregavam do necessário para as construções, aplicando técnicas milenares que os mais habilidosos aprendiam com os mestres.

Meu pai era o único mestre carpinteiro e marceneiro da aldeia e, claro, dos demais vilarejos ao redor. Trabalho não lhe faltava, por enquanto. Em sua oficina, ao lado da casa de pedra de dois sobrados onde nasci e meus quatro irmãos, ele ensinava aos jovens aprendizes saídos da escola primária que almejavam uma profissão com melhor remuneração comparada ao do trabalho na lavoura.

Os futuros profissionais tinham que ser aplicados, além da força nas pernas para manter em movimento os tornos movidos a força humana, e das mãos para manipular as toras de madeira bruta recém-extraída dos pinheiros. Ainda não existia energia elétrica no Portugal profundo que mergulhava cada vez mais na miséria por conta da guerra nas colônias que Salazar insistia em manter.

Os devotos fiéis de São Marcos, padroeiro de Guedieiros, que madrugavam no dia reservado ao descanso, aglomeravam-se na pequena capela, seguindo a tradição; homens e meninos à frente, mulheres e meninas atrás, para assistir ao padre vindo de outra localidade ministrar a tradicional cerimônia católica, sempre em latim, como nos tempos passados, entremeada pelo sermão do alto do pequeno púlpito.

Enquanto os adultos conversavam sobre a evolução de suas lavouras e os miúdos tagarelavam e brincavam, um forte e estranho estrondo ecoa continuamente pelas ruelas do lugarejo. O grupo segue o som até encontrar um objeto estranho em movimento, puxando o arado que cingia o terreno, cavando e revirando a terra, preparando-a para a próxima semeadura. Da altura dos meus nove anos, eu tentava observar por entre os adultos como a estranha máquina, dirigida pelo mais afoito do local, conseguia realizar aquela façanha em apenas meio dia, tarefa que o tradicional arado puxado pela parelha de bois levava quase uma semana, dez vezes menos produtivo.

Uns ficaram encantados, outros temiam pelo futuro, principalmente os donos de parelha de bois com o "kit" composto por carro, arado, estrado e outros apetrechos que utilizavam para prestar serviços e assim ganhar a vida. Essa era a situação do meu tio e seu único filho, primo quatro anos mais velho do que eu, que completou o primário e tinha como alternativa de trabalho ajudar o pai nessas atividades.

Estava a um ano para terminar o quarto e último ano do primário. Nem todos tinham esse privilégio. Alguns desistiam, pressionados pelas necessidades da família em complementar o sustento do lar, como minha mãe, que mal terminou o primeiro ano abandonou os estudos para ajudar no sustento da casa dos pais e de seus oito irmãos.

A escola consistia em apenas uma sala de aula que ficava no sobrado de uma antiga casa que resistia ao tempo, e sem manutenção. Para chegar à sala, era necessário subir uma escada de madeira, cuidadosamente, para não pisar em falso e cair no piso inferior abandonado. As quatro fileiras de carteiras definiam a série dos alunos. Cada um sentava na fileira referente à sua série, da primeira à quarta.

Uma única professora se encarregava de ministrar as lições de todas as matérias para cada série. Enquanto orientava as atividades de uma das séries, deixava no velho e desgastado quadro as tarefas de aula para as demais. Não havia lápis nem papel. O dever de casa era diligentemente copiado na lousa individual do tamanho do atual iPad. Tínhamos que ter cuidado para que a lousa não ficasse exposta à chuva ou a água derramada por descuido. Os exercícios teriam que ser apresentados na aula seguinte.

O horizonte de ensino terminava ali. Não havia posses que sustentassem a continuação dos estudos fora da pequena aldeia. Somente o filho da professora, meu colega de série, tinha essa possibilidade. Desde cedo eu sonhava em continuar os estudos. Embora sem saber como. Meus pais viviam dos frutos das poucas terras que herdaram, cada vez mais difíceis de manter, pois a mão de obra minguava. Meu pai, carpinteiro, tentou manter a oficina em funcionamento, onde ensinava o ofício para as novas gerações. Mas também teve que reduzir suas atividades por falta de demanda.

Desde pouca idade, eu já demonstrava interesse em manipular as ferramentas. Atrevia-me a imitar as atividades do meu pai, serrando as madeiras que ele guardava para fabricar móveis. Por vários dias pus-me a serrar a grade da varanda. Resultado: eu e meus irmãos mais novos caímos no quintal. Logo depois, passei a construir pequenos bancos desengonçados que a vizinhança comprava somente para me incentivar.

Durante a candidatura de Humberto Delgado, opositor do candidato indicado por Salazar, desconhecidos espalharam alguns folhetos na aldeia. Achei bonita e sonora a palavra DELGADO, formada por letras que eu acabava de aprender, e logo armei uma tabuleta em cruz com o folheto. Espetei-a no muro da casa. Quando meus pais chegaram, ficaram desesperados e me explicaram que aquilo era extremamente perigoso. Os informantes da temida PIDE (polícia política) estavam à espreita! Essas foram minhas obras mais inovadoras com o serrote. Mas não foram suficientes para despertar meu interesse como futuro profissional da madeira.

A construção da barragem do Vilar, que desviava as águas do rio Távora, afluente do rio Douro, para a futura usina hidrelétrica, era a última esperança para todos, não só de trabalho, mas também da energia elétrica para a aldeia. Não havia água encanada nem luz, muito menos saneamento. Era uma vida rudimentar isolada do mundo, que se mantinha assim desde os tempos da formação de Portugal.

Conta-se que, àquela época, toda vez que o pequeno país, formado em torno da cidade de Guimarães, expulsava os mouros e expandia suas fronteiras em direção ao sul, duas famílias eram encarregadas de proteger as pequenas localidades recém-conquistadas. Os Guedes e os Soeiros foram indicados para esse lugar, e assim surgiu a aldeia de Guedieiros, entre os concelhos de Moimenta da Beira e de Tabuaço, região do rio Douro, terras do vinho do porto, do famoso azeite da Beira Alta e do presunto de Lamego. Essa região é conhecida como Alto Douro Vinhateiro, onde fica a cidade do Peso da Régua, capital do vinho do Porto, onde se encontra o Museu do Douro e o Solar do Vinho do Porto.

A barragem, recém-construída e esperança de uma vida melhor para todos, rompe-se, levando na enxurrada os antigos moinhos, com suas mós pesadas e redondas de pedra de cantaria e inteiriça. Movidas pelas águas do rio, as mós trituravam os grãos até virarem farinha, que as mulheres utilizavam no preparo do pão cozido no forno comunitário, São Marcos, próximo ao largo da fonte. A força da enxurrada carregou tudo o que se localizava nas margens: moinhos, seus proprietários moleiros e famílias. Foi uma enorme catástrofe.

Sem oportunidades na região, restavam duas alternativas à gente simples da aldeia: correr o risco de atravessar clandestinamente as fronteiras de Espanha e França, em direção ao mercado de trabalho proveniente da reconstrução pós-guerra, ou enfrentar o perigo nas colônias da África, que Portugal insistia em manter. O romancista José Luís Peixoto, em sua obra intitulada "Livro", narra a verdadeira epopeia da imigração dos portugueses fugindo das incertezas.[1] Na página 78, um dos personagens desabafa:

> *"Eu sei que vou morrer na merda daquela guerra. Ou venho de lá sem uma perna, sem a pila. Eu sei, não perguntes como é que eu sei. Aquilo não é para gajos como eu, vais ver. Venho de lá cego, vais ver. Vais ver bem, eu é que não vou ver nada, venho morto. Aí, as ruas da vila cheias de velhos, que já devem tempo desmedido à cova, todos chorosos, a dizer: coitadinho e tal. E eu a arrotar colhões de preto. Que metam o coitadinho nas nalgas. Ah, é a pátria e mais não sei o quê. Então, e porque é que sou eu que tenho de amargar com essa merda? Não me dizes? Porque é que sou eu que tenho de ficar ali, esticado no caixão, a engolir a pátria à pazada?".*

Os personagens preferem fugir em direção ao desconhecido. Enfrentaram os perigos da travessia das terras espanholas até chegar à França. Peixoto descreve no romance uma aventura semelhante à de meu primo, que, anos depois, relatou-me em detalhes, e às gargalhadas, os perigos e adversidades que passou. Hoje vive em Chartres, a 90 km de Paris. Na página 126, Peixoto descreve:

> *"Achas que alguma vez vamos chegar à França? O Ilídio não respondeu. Se tivesse respondido, o Cosme não teria ouvido porque, assim que terminou a pergunta, adormeceram de repente. Acordaram também ao mesmo tempo. Antes, revolveram-se na terra, como se tentassem escapar de um sonho, pesadelo. Eram pulgas. O dia estava a nascer, novo, e tinham carreiros de pulgas que lhes subiam pelas pernas, pelos braços, que lhes faziam longas travessias pelas costas e pelos peitos, que lhes pontuavam o pescoço e o rosto. O Cosme começou a desabotoar a camisa até ouvir vozes. Foi o Ilídio que se assomou e, entre moitas, armados de carabinas, viu*

1 Peixoto, José Luís. *Livro*. 1. ed. São Paulo: Companhia das Letras, 2012.

um grupo de homens fardados, cinco ou seis, com chapéus ridículos na cabeça. Sentiu-se a suar. O Cosme também se assomou e também viu os soldados da guarda-civil."

Os cenaristas em Lisboa, encarregados de desenhar o futuro do país seguindo um projeto nacionalista e colonial, preferiram manter uma economia controlada e regulada por cartéis constituídos e supervisionados pelo governo, detentores de grandes privilégios, conservadores, avessos à inovação e evitando o desenvolvimento aberto para o estrangeiro. Embora a economia portuguesa crescesse ao redor de 6% nesse período, continuava predominantemente rural e atrasada em relação às grandes economias do continente europeu.

Em 1960, um ano antes de migrar para o Brasil, o censo mostra que a taxa de analfabetismo em Portugal era de 33,1%. Em 2021, essa taxa foi de 3,1%. No fim da década de 1960, Portugal era um dos países com rendimento per capita mais baixo da Europa, pois preferia acumular sua reserva de ouro — a maior que um país pós-segunda guerra jamais teve. Essa escolha se deu à custa da redução dos investimentos em educação, que poderia transformar o "Portugal Profundo" — àquela época um país pobre baseado na agricultura de subsistência — em um dos mais modernos, como fizeram os escandinavos, por exemplo. Ironicamente, os países nórdicos, que chegaram a receber ajuda de Portugal em momentos difíceis, há bastante tempo pertencem ao grupo de nações mais avançadas.

O economista Luigi Zingales define bem o que ocorre nas economias capitalistas de hoje e, com certeza, também ocorreu naquela época.[2] Em seu artigo "Crony Capitalism and the Crisis of the West", Capitalismo de Compadrio e a Crise do Ocidente:

---

2 Zingales, L. "Crony Capitalism and the Crisis of the West". *The Wall Street Journal*, 6 jun. 2012. Disponível em: http://online.wsj.com/article/SB10001424052702303665904577450071884712152.html. Acesso em: 09 jun. 2025. [Tradução livre]

"A pior consequência do capitalismo de compadrio é política. Quanto mais um sistema é dominado por compadrios, mais ressentimento ele gera. Para manter o consenso, os insiders precisam distribuir privilégios e subsídios — e quanto mais eles distribuem, maior se torna a demanda".

Esse cenário limitava oportunidades e apontava para um futuro incerto. Ainda assim, eu mantinha o sonho de estudar. De repente, fui catapultado da pequena aldeia para o Rio de Janeiro, Brasil, pela minha irmã, filha única do primeiro casamento de minha mãe, que ficou viúva muito cedo. Ciente de minha perseverança em continuar os estudos, encarregou-se de convencer seus tios, casal boníssimo, sem filhos e que resolveram me criar. Foram verdadeiros tios de coração.

Paguei um preço alto por isso: aos doze anos tive que deixar meus pais e quatro irmãos mais novos, além dos amigos, na pequena aldeia. Na época, viajava-se para bem longe sem possibilidades de voltar tão cedo. O único meio de comunicação eram as correspondências, cada vez mais esparsas. Confesso que foram anos emocionalmente difíceis. Senti na alma o significado da palavra saudade.

A saudade era tão avassaladora que quase enlouqueci. Para me proteger, passei por um processo de isolamento e de quase esquecimento de que tinha família em Portugal; não me comunicava com ninguém, era superfechado. Enfim, fui um verdadeiro "aborrecente", momentos tristes para quem convivia comigo. Agradeço aos meus tios por me entenderem e me suportarem naquele momento.

Para atravessar esses momentos, mergulhei fundo nas atividades escolares, nas descobertas de um novo jeito de viver e de ser um carioca de coração. Aprendi todas as canções da época, bossa nova, samba de partido alto, vivia nas rodas de samba, a ponto de aprender a batucada. Meus colegas do colégio Pedro II achavam muito estranho ver um garoto português, com sotaque carregadíssimo do interior de Portugal, batucar, sambar e contar piadas de português. Sim, esse foi o modo inteligente de não sofrer bullying. Português contando piadas de seus conterrâneos era o espírito de Bocage baixando em mim.

A Globalização, processo de aprofundamento da integração social, cultural, política e econômica, é consequência da dinâmica do capitalismo em formar um mercado global. Os historiadores datam o início desse fenômeno na época dos descobrimentos, enquanto os economistas analisam-no como sendo resultado do pós-Segunda Guerra Mundial, impulsionada pela Revolução Tecnológica.

Para mim, a globalização se iniciou naquele instante. Pela minha experiência, senti efetivamente o seu verdadeiro significado. Na imaginação de criança, Guedieiros era o centro do mundo. De repente, meu referencial se desloca de uma pequena aldeia isolada de tudo para a grande metrópole ligada ao mundo. Adquiri novos conhecimentos, novos hábitos e assimilei nova cultura.

Como em um passe de mágica e aproveitando a metáfora de Zigmunt Bauman, sociólogo polonês, fui transportado da modernidade sólida, onde as relações, a cultura e os valores são estáveis, para a modernidade líquida, em que tudo é volátil, intangível, inconsistente e instável, onde o tempo e o espaço deixam de ser concretos e absolutos para ser líquidos e relativos. Senti também que a tendência da globalização é inevitável e veio para se aprofundar e permitir o intercâmbio de diferentes culturas e modos de vida. Cabe aos países e cidadãos estar preparados para as incertezas e as oportunidades expostas pelas mudanças e descontinuidades. Assim, saberemos aproveitá-las e sustentavelmente evoluir e alcançar novos estágios de prosperidade.

Alis Grave Nil

Logo que cheguei ao Rio de Janeiro, aprendi o significado da palavra mais comentada naquele momento no contexto brasileiro: renúncia. O presidente eleito pela maioria da população acabava de renunciar. Para meu espanto, pois, em Portugal, estávamos habituados com ausência do processo eleitoral livre desde que o general Óscar Carmona foi eleito Presidente da República em 1928 e convidou António Oliveira Salazar, professor na Universidade de Coimbra, para ser o poderoso e centralizador Ministro das Finanças.

Fiquei ainda mais intrigado com as explicações sobre as causas: "forças ocultas forçaram minha renúncia". Pelo sim, pelo não, resolvi ler tudo sobre o ocorrido. Minha fonte de informações era o jornal diário *Correio da Manhã*. Adorava ler o Quarto Caderno. Mas duraria pouco, pois o Ato Institucional número 5, de dezembro de 1968, aproximava-se.

Ruy Castro, em seu livro *Leitor apaixonado, prazeres à luz do abajur*, relata magistralmente o que ocorreu nessa época.[3] Aqui vai um breve parágrafo:

> *"O* Correio da Manhã *deixou de circular em 1974, mas pode-se datar sua morte de alguns anos antes: 13 de dezembro de 1968. Naquela noite, assim que o locutor Alberto Curi terminou a comunicação do AI-5 ao país pela televisão, agentes do DOPS (Delegacia de Ordem Política e Social) atravessaram a rua e invadiram a sede do jornal. O DOPS ficava na esquina da rua da Relação com a avenida Gomes Freire, na Lapa; o* Correio da Manhã *ficava na mesma Gomes Freire, em diagonal, a poucos metros da esquina da Relação. Eram vizinhos havia 37 anos, período em que os dois prédios abrigaram Brasis totalmente opostos: o da polícia simbolizava as ditaduras, como o Estado Novo (1937-1945) e o regime militar imposto em 1964; o do jornal pregava a liberdade e a*

3 Castro, R., 2009a. **O leitor apaixonado:** prazeres à luz do abajur. São Paulo: Companhia das Letras, 2009. p. 157.

luta contra a mentira e a corrupção. Tal vizinhança nunca o assustara: em sua longa trajetória, o jornal de Edmundo e Paulo Bittencourt fizera oposição a quase todos os presidentes; fora perseguido, fechado, tivera seus proprietários presos, e saíra mais forte a cada embate. Mas, desta vez, seria diferente".

Por meio dessas leituras, iniciei meu aprendizado sobre a dinâmica da política.

Durante os estudos secundários no colégio Pedro II, eu estava no centro da cidade quando ocorreu a morte do estudante Edson Luís de Lima Souto, no restaurante estudantil Calabouço. O evento reforçou ainda mais minha curiosidade sobre os rumos da política, agora sob "nova direção", cujo perfil se assemelhava aos anos de minha infância no Portugal de Salazar: nada de livre opinião.

Padre Jesus Hortal Sánchez, ex-reitor da Pontifícia Universidade Católica do Rio de Janeiro, PUC-Rio, explica o significado de cada componente do brasão da universidade. O lema ou divisa *Alis Grave Nil* é uma expressão derivada do latim, que significa "com asas nada é pesado". Essa frase, dita de outra forma, "Nada é pesado para aqueles que têm asas", ou, embora não seja tradução literal, "dê asas à imaginação", capta bem meu espírito durante a graduação de engenharia na PUC-Rio, no início dos anos 1970.

Eram anos do pós-tricampeonato, do milagre econômico e do "Pra frente Brasil". Mas também podemos considerá-los como anos de chumbo em toda a América Latina. Predominava a apatia nos movimentos sociais. Os diretórios acadêmicos eram comandados por representantes eleitos com base em plataformas cujos temas os candidatos estabeleciam sem nenhum debate com os demais estudantes. Aquela forma de atrair a atenção dos eleitores me intrigava. Eu achava que haveria outra maneira de apresentar as reivindicações do corpo discente.

Resolvi explorar a boa reputação junto aos professores das turmas que englobavam a maioria dos alunos. Solicitei alguns minutos do final de cada aula para me dirigir aos colegas. E, aplicando dinâmica de grupo, eu e outro colega, que também encarou o desafio, incentivávamos as turmas a se dividirem em grupos para discutirem as reivindicações que achassem prioritárias, devendo ser anotadas por dois representantes indicados pelo próprio grupo.

Em um segundo encontro, agora com os representantes de cada grupo, chegou-se à plataforma que consolidava as reivindicações coletivas. Assim se iniciou um movimento que culminou com minha eleição para presidente do diretório, pela maioria esmagadora dos votos, e da minha indicação como representante dos estudantes no Conselho Universitário, reunião conjunta com a reitoria, onde os estudantes tinham voz. Esse processo não foi fácil, pois meus opositores eram bem arrojados em demonstrar seu poder de fogo. Faziam questão de levantar a camisa para que todos vissem a arma na cintura durante a apuração dos votos. A partir desse momento, fui "agraciado" por um "observador permanente", que seguia meus passos aonde quer que eu fosse.

O movimento acabou sendo potencializado por não existir, nas demais universidades, a representação estudantil como consequência do fechamento dos diretórios. Sua repercussão foi relativamente forte, a ponto de romper a barreira da censura e ser divulgado pela televisão e pelos jornais. A apatia deu lugar à esperança, que mobilizou os demais estudantes.

Graças aos jesuítas que administram a universidade, os estudantes puderam se expressar naqueles anos difíceis. A manifestação dos anseios estudantis, possibilitada por essa forma de participação, foi ainda mais arrojada com a publicação do periódico *Síntese*. Como era proibido publicar quaisquer notícias sobre a situação política do país, resolvemos apelar para esparsas notas que saíam aqui e ali nos jornais e revistas nacionais, ordenadas de forma a criar sentido para os leitores. Assim, saíam notícias como, por exemplo, a insatisfação no meio das forças armadas brasileiras, ou o noticiário internacional sobre a situação política semelhantes à nossa nos demais países.

Esses eventos lançaram uma frágil semente de participação dos estudantes, que se multiplicou nos anos seguintes e engrossou as demais iniciativas, contribuindo com o movimento pelas liberdades democráticas e, mais tarde, com o início do movimento das Diretas Já. O processo de mobilização *bottom-up* que utilizei foi um dos aprendizados "extracurriculares" que passou a fazer parte do conjunto de métodos participativos de gestão que marcou minha atuação como futuro executivo em diversas empresas. Sempre que possível, priorizei o diálogo e a participação de todos os colaboradores das empresas onde trabalhei. Moldar o futuro de forma coletiva é condição necessária para o sucesso de qualquer atividade humana.

A redescoberta de ser português

A Revolução dos Cravos, em 25 de abril de 1974, provocou em mim uma espécie de epifania: todos queriam que eu explicasse o que estava ocorrendo em Portugal, que revolução era aquela, as forças envolvidas, os movimentos sociais, enfim, achavam que, pelo fato de ser português, eu deveria ter acesso a informações exclusivas, uma espécie de *inside information*.

Além de ter passado pelo processo de esquecimento sobre meus familiares, eu também me sentia longe do país onde nasci, como forma de resistir às memórias dolorosas de minha origem. Foi aí que, para explicar o processo de transformação por que passava Portugal, resolvi ler tudo o que saía na imprensa, adquirindo um conhecimento diferenciado dos demais. Agora me sentia novamente português e com muito orgulho. Ainda mais do país louvado pela intelectualidade brasileira, no Fado Tropical de Chico Buarque... "Ai, esta terra ainda vai cumprir seu ideal, ainda vai tornar-se um imenso Portugal".

Nesse instante, descobri o significado do sentimento de pertencimento, a percepção de fazer parte de uma nação e de uma família. Eu precisava voltar a Portugal para passar por essa experiência, pisar na terra, sentir, tocar, abraçar os entes queridos, voltar às origens, à casa dos pais e reatar os laços perdidos no tempo e no espaço.

Fiquei 18 anos longe dos meus pais e irmãos. Quando os visitei, estava nos meus 30, com um casal de filhos. Em 1979, cheguei a Lisboa, para onde minha família se mudou, deixando a centenária aldeia, que se esvaziava. As pessoas idosas permaneceram e as terras ficaram abandonadas, sem mão de obra para cuidar das plantações. Portugal é um dos países cuja população se concentra no litoral, deixando o interior relativamente vazio.

Todos crescidos, sensação estranha, éramos miúdos, da mesma estatura. Ficávamos nos observando, tentando resgatar aqueles traços, de idade mais tenra, da época que nos despedimos aos prantos em 1961. O choro agora era de alegria ao ver que todos se salvaram nesse processo de empobrecimento e com muito sacrifício. Eles, no trabalho duro para sobreviver, e eu, carregando aquela dor indescritível, mas agraciado com a oportunidade de estudar.

Somente a genialidade de Fernando Pessoa para expressar tamanha ausência de tudo e de todos: "Navegar é preciso, viver não é preciso". Eu precisava de forças para seguir, estudar, trabalhar, servir a quem precisa. Concretizar algo que valha a pena, impulsionado por um propósito onde a vida passa a ter significado digno.

Viktor Frankl, nascido em Viena, sobreviveu ao holocausto e, no final da Guerra, descobriu que seus pais, irmãos e esposa foram assassinados. Ele perdeu tudo, ficou sem nada. Mas resolveu escrever o famoso livro *Em busca de um propósito*, onde descreve como superar a dor e o sofrimento. Morreu aos 92 anos, deixando sua experiência sobre o sentido da vida: "A vida com propósito é o melhor antídoto contra o sofrimento e a dor".

Hoje estou em uma grande viagem, talvez a viagem fundamental em busca do sentido da vida, tentando responder à pergunta "Quem sou eu?". Observando o meu interior, procuro o significado da palavra consciência. Os filósofos e cientistas concordam que se trata da questão primordial. Por isso, David Chalmers, em um *paper* de 1995 intitulado *The hard problem of consciousness*, tenta explicar a relação entre os fenômenos físicos e os fenômenos mentais.

Continuo seguindo Fernando Pessoa: "Navegar é preciso...".

Referências

Fontes Primárias

Hemeroteca Digital Brasil. Fundação Biblioteca Nacional. Disponível em: http://bndigital.bn.gov.br/hemeroteca-digital/. Acesso em: 10 dez. 2022.

RIBEIRO, Adão Carvalho. **O Vaso de Flores**: miscelânea poética e histórico-familiar. Rio de Janeiro: Jucitara Editora, 2010.

Fontes Secundárias

Handbook of the Nations and International Organizations. Life World Library. Nova York: Time, Inc., 1966.

AGOSTINHO, Marcia Esteves. 2021."Emotion as Collective Identity: the Case of Portuguese Saudade." **Academia Letters**, 2021. DOI: 10.20935/AL377. Disponível em: https://doi.org/10.20935/AL377. Acesso em: 10 dez. 2022.

AGOSTINHO, Marcia Esteves. 2023. "Navigating Identity after Independence: Portuguese men in nineteenth-century Brazil." Thematic Dossier "Brazil: 200 years of Independence (1822-2022)." **Cadernos do Arquivo Municipal de Lisboa**, issue 19, jan. 2023. Disponível em: https://doi.org/10.48751/CAM-2023-19224. Acesso em: 10 dez. 2022.

ARROTEIA, Jorge Carvalho. "Emigrantes e irmandades de origem portuguesa no Brasil: as Santas Casas de Misericórdia." *In*: Sousa, Fernando de; Martins, Ismênia de Lima e Matos, Izilda. **Nas duas margens**: os portugueses no Brasil. Porto: Edições Afrontamento, 2009. p. 41-50.

BALDASSAR, Loretta. "Transnational Families and the Provision of Moral and Emotional Support: The Relationship between Truth and Distance." **Identities** (Yverdon, Suiça), 14, n. 4 (2007): 385-409.

BODIAN, Miriam. "Hebrews of the Portuguese Nation: The Ambiguous Boundaries of Self-Definition." **Jewish Social Studies**, 15, n. 1 (2008): 66-80.

BOUQUET, Mary. **Reclaiming English Kinship**: Portuguese Refractions of British Kinship Theory. Manchester: Manchester University Press, 1993.

BOURDIEU, Pierre. "What Makes a Social Class? on the Theoretical and Practical Existence of Groups." **Berkeley Journal of Sociology**, 32, (1987): 1-17.

BOURDIEU, Pierre. **Razões Práticas**: sobre a teoria da ação. [Raisons pratiques: sur la théorie de l'action]. São Paulo: Papyrus, 2008.

BOURDIEU, Pierre. **The Logic of Practice**. Stanford: Stanford University Press, 1990.

BRUBAKER, Rogers e Frederick Cooper. "Beyond 'Identity'." **Theory and Society**, 29, n. 1 (2000): 1-47.

CAFFARELLI, Eugenio Vergara. **As moedas do Brasil**: desde o Reino Unido 1818 – 2000. São Paulo: 2002. Disponível em: https://www.vergacaffarelli.it/styled-9/files/2002---as-moedas-do-brasil..pdf. Acesso em: 10 dez. 2022.

CANCELA, Cristina Donza. "Imigração portuguesa, casamento e riqueza em Belém (1870-1920)". *In*: Fernando de Sousa, Ismênia de Lima Martins e Izilda Matos. **Nas duas margens:** os portugueses no Brasil, 2009.

CASTRO, Ruy. **O leitor apaixonado:** prazeres à luz do abajur. São Paulo: Companhia das Letras, 2009.

COSME, João Ramalho. "Subsídios para a história da emigração dos Concelhos a norte do rio Douro para o Brasil..." *In*: Fernando de Sousa, Ismênia de Lima Martins, e Izilda Matos. **Nas duas margens:** os portugueses no Brasil, 2009.

CYPRIANO, Paula Leitão. "Imigração, negócios e poder: promoção social e projeção política dos imigrantes portugueses na sociedade carioca, 1850-1870." **Dia-Logos:** Revista dos Alunos de Pós-Graduação em História 3 (2009).

DA SILVA, Maria Beatriz Niza. "A mulher no contexto da imigração portuguesa no Brasil." **Análise Social** 22, n. 92/93 (1986): 653-659.

DE JESUS, Ronaldo Pereira. "Associativismo no Brasil do século dezenove: repertório crítico dos registros de sociedades no Conselho de Estado (1860-1889)." **Locus:** Revista de História, Juiz de Fora, v. 13, n. 1 (2007): 144-170.

SOUSA, Fernando de; Martins, Ismênia de Lima e Matos, Izilda. **Nas duas margens:** os portugueses no Brasil. Porto: Edições Afrontamento, 2009.

DE SOUSA, Roberto Ribeiro. "Imigração portuguesa, identidade e representação geográfica: o lugar da casa regional no movimento associativo luso-brasileiro." **Espaço e Cultura** 22 (2007): 54-66.

DUARTE, rei de Portugal, 1391-1438. **Leal Conselheiro, o qual fez Dom Duarte:** seguido do livro da ensinança de bem cavalgar toda sella. França: J.P. Aillaud, 1842.

EISENBERGER, Naomi I. "Social Pain and Social Pleasure." *In*: Barrett, Lisa Feldman, Lewis, Michael e Haviland-Jones, Jeannette M., eds. **Handbook of Emotions**. Nova York: Guilford Publications, 2016.

EL-KAREH, Almir Chaiban. "O Rio de Janeiro e as primeiras linhas transatlânticas de paquetes a vapor: 1850-1860." **História Econômica & História de Empresas** 6.2 (2003).

EUSTACE, Nicole, Eugenia Lean, Julie Livingston, Jan Plamper, William M. Reddy e Barbara H. Rosenwein. "AHR Conversation: The Historical Study of Emotions." **The American Historical Review**, 117, n. 5 (2012): 1487-1531.

FELDMAN-BIANCO, Bela. "Multiple Layers of Time and Space: The Construction of Class, Ethnicity, and Nationalism among Portuguese Immigrants." *In*: Nina Glick Schiller, Linda Basch e Cristina Szanton (ed). **Towards a Transnational Perspective in Migration**: Race, Class,

Ethnicity and Nationalism Reconsidered. Nova York Academy of Sciences, 1992 :145-174.

FERNANDES, Adília e Paiva, Odete. "Emigração dos minhotos para o Brasil (1850-1910): os bem-sucedidos e os outros." *In*: Sousa, Fernando de; Martins, Ismênia de Lima e Matos, Izilda. **Nas duas margens:** os portugueses no Brasil. Porto: Edições Afrontamento, 2009. p. 411-424.

FLORENTINO, Manolo e Cacilda Machado. "Ensaio sobre a imigração portuguesa e os padrões de miscigenação no Brasil (séculos XIX e XX)." **Portuguese Studies Review** 10, n. 1 (2002): 58-84.

GILLIGAN, Carol. **Uma voz diferente:** teoria psicológica e o desenvolvimento feminino. Editora Vozes, 2021. (1. ed. em inglês, 1982.)

GINZBURG, Carlo. **Mitos, emblemas, sinais**. São Paulo: Companhia das Letras, 1989.

GIORGI, Kyra. **Emotions, Language and Identity on the Margins of Europe**. Houndmills, Basingstoke, Hampshire. Nova York: Palgrave Macmillan, 2014.

HELD, Virginia. **The Ethics of Care:** personal, political, and global. Nova York: Oxford University Press, 2006. Disponível em: https://www.google.com/books/edition/The_Ethics_of_Care/zd0CboPGFNUC?hl=en&gbpv=1&dq=ethics%20of%20care%20theory&pg=PA4&printsec=frontcover. Acesso em: 10 dez. 2022.

JESUS, Ronaldo Pereira de. "Associativismo no Brasil do século XIX: repertório crítico dos registros de sociedades no Conselho de Estado (1860-1889)." Locus (Juiz De Fora, Brazil.) 13, n. 1 (2007).

KLEIN, Herbert S. "A integração social e econômica dos imigrantes portugueses no Brasil nos finais do século XIX e no século XX." **Análise Social**, 28, n. 121 (1993): 235-265.

LARRABEE, Mary Jeanne (Ed.). **An Ethic of Care:** Feminist and Interdisciplinary Perspectives. Routledge: 1993. Disponível em: https://doi.org/10.4324/9780203760192. Acesso em: 10 dez. 2022.

LEAL, João e Jehanne Féblot-Augustins. "'Saudade', la construction d'un symbole: 'Caractère national' et identité nationale." **Ethnologie Française**, 29, n. 2 (1999): 177-189.

LORENZ, Chris. "Representations of Identity: Ethnicity, Race, Class, Gender and Religion. An Introduction to Conceptual History." In: Stefan Berger e Chris Lorenz (eds.). **The Contested Nation:** Ethnicity, Class and Gender in National Identities. Houndmills: Palgrave Macmillan, 2008.

LUZ, Nícia Vilela. "Aspectos do nacionalismo econômico brasileiro: os esforços em prol da industrialização." **Revista de história**, 15, n. 32 (1957): 357-378.

LYNCH, Katherine A. **Individuals, Families, and Communities in Europe, 1200-1800:** *The Urban Foundations of Western Society*. Vol. 37. Cambridge: Cambridge University Press, 2003.

MARTINS, Conceição Andrade. "Trabalho e condições de vida em Portugal (1850-1913)." *Análise Social*, (1997): 483-535.

MATOS, Maria Izilda Santos de e Bastos, Sênia. "Portugueses em São Paulo. Registros e Ingressos (1912): Hospedaria do Imigrante — listas de bordo e livros de registro". *In*: Sousa, Fernando de; Martins, Ismênia de Lima e Matos, Izilda. **Nas duas margens:** os portugueses no Brasil. Porto: Edições Afrontamento, 2009. p. 269-288.

MENEZES, Lená Medeiros de. "Imigração portuguesa: lembranças de terras distantes. Tijuca e São Cristóvão como estudo de caso." **Revista do Arquivo Geral da Cidade do Rio de Janeiro**, 6 (2012): 79-95.

MOURA FILHO, Heitor Pinto de. "Câmbio de longo prazo do mil-réis: uma abordagem empírica referente às taxas contra a libra esterlina e o dólar

(1795-1913)." **Cadernos de História**, Belo Horizonte, v.11, n. 15, 2º sem. 2010.

MOURÃO, Alda. "A Câmara Portuguesa de Comércio e Indústria do Rio de Janeiro: uma associação empresarial da Primeira República". *In*: Mourão, Alda e Gomes, Ângela de Castro. **A experiência da Primeira República no Brasil e em Portugal**. Coimbra: Imprensa da Universidade de Coimbra: 2014. P. 387-412.

NETO, Alda. "Os brasileiros de Paredes – dois percursos de beneficência e esquecimento." *In*: Fernando de Sousa, Ismênia de Lima Martins, Izilda Matos. **Nas duas margens:** os portugueses no Brasil, 2009.

NETO, Félix e Etienne Mullet. "A Prototype Analysis of the Portuguese Concept of Saudade." **Journal of Cross-Cultural Psychology**, 45, n. 4 (2014): 660-670.

NORA, Pierre. "Between Memory and History: Les Lieux De Mémoire." **Representations**, (Berkeley, Calif.) n. 26 (1989): 7-24.

PEIXOTO, José Luís. **Livro**. 1. ed. São Paulo: Companhia das Letras, 2012.

PÉREZ LÓPEZ, Pablo Javier. "Historia y Destino: El Fatalismo Como Identidad Nacional Lusa." *Diacronie* (2015).

PLAMPER, Jan. "An Interview with Jan Plamper: On the History of Emotions." **Kritika:** Explorations in Russian and Eurasian History 18.3 (2017): 453-460.

REIS, João José. **Divining Slavery and Freedom:** The Story of Domingos Sodré, an African Priest in Nineteenth-Century Brazil. Nova York, NY: Cambridge University Press, 2015.

RIBEIRO, Gladys Sabina. "'Por que você veio encher o pandulho aqui?': os portugueses, o antilusitanismo e a exploração das moradias populares no Rio de Janeiro da República Velha." **Análise Social**, (1994): 631-654.

RUE, Loyal D. **By the grace of guile:** The role of deception in natural history and human affairs. Oxford University Press, 1994.

SANTOS, Eugénio dos. "Os brasileiros de torna-viagem no noroeste de Portugal." Comissão Nacional para as Comemorações dos Descobrimentos Portugueses, 2000.

SARMENTO, Clara. **Women in the Portuguese Colonial Empire:** The Theatre of Shadows. Newcastle: Cambridge Scholars, 2008.

SCHEER, Monique. "Are Emotions a Kind of Practice (and is that what makes them have a history) A Bourdieuian approach to understanding emotion." **History and Theory**, 51 (2012): 193-220.

SCOTT, Ana Silvia Volpi. "As teias que a família tece: uma reflexão sobre o percurso da história da família no Brasil." **História:** Questões & Debates, 51, n. 2 (2009).

SILVA, Zuzanna Bułat. "Saudade: a Key Portuguese Emotion." **Emotion Review**, 4, n. 2 (2012): 203-211.

STUDNICKI-GIZBERT, Daviken. **A Nation upon the Ocean Sea:** Portugal's Atlantic Diaspora and the Crisis of the Spanish Empire, 1492-1640. Nova York: Oxford University Press, 2007.

SVAŠEK, Maruška e Zlatko Skrbiš. "Passions and Powers: Emotions and Globalisation." **Identities**, (Yverdon, Suiça) 14, n. 4 (2007): 367-383.

TRIVELLATO, Francesca. **The Familiarity of Strangers:** The Sephardic Diaspora, Livorno, and Cross-Cultural Trade in the Early Modern Period. New Haven, CT: Yale University Press, 2009.

TRUZZI, Oswaldo e Maria Izilda Matos. "*Saudades:* sensibilities in letters from Portuguese e/immigrants (Portugal-Brazil 1890-1930)." **Revista Brasileira de História**, 35, n. 70 (2015): 257-277.

VITORINO, Artur José Renda. "Mercado de trabalho e conflitos étnicos em meio à escravidão: portugueses e africanos no Rio de Janeiro (1850-1870)." ***Cadernos AEL***, (2009).

WETHERELL, Margaret. "Trends in the Turn to Affect: A Social Psychological Critique." **Body & Society**, 21, n. 2 (2015): 139-166.

ZINGALES, L. 2012. Crony Capitalism and the Crisis of the West. **The Wall Street Journal**. Disponível em: http://online.wsj.com/article/SB10001424052702303665904577450071884712152.html. Acesso em: 10 dez. 2022.